Rom Reiseführer 2021/2022

Städtereisen leicht gemacht

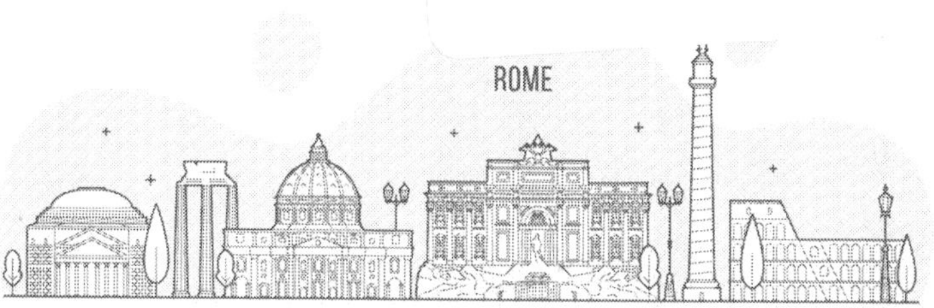

EasyTravel Nr. 1

OWB BONUS für sicheres Reisen

Für unsere Leser gibt es jetzt wichtige Infos zu aktuellen länderspezifischen COVID-19 Einreisebestimmungen sowie entsprechende Verordnungen!

Besondere Zeiten erfordern besondere Maßnahmen. Aufgrund der Covid-19 -Pandemie bestehen für Reisende Reisebeschränkungen bei der Einreise aus vielen Staaten. Auch gilt bei der Einreise aus vielen Ländern die Pflicht, sich für mehrere Tage in Quarantäne zu begeben oder Ähnliches. Die Beschränkungen und Verordnungen ändern sich laufend, daher halten wir Sie mit entsprechenden Links zu aktuellen Seiten auf dem Laufenden, damit Sie bei Ihrer Reise keine bösen Überraschungen erwarten.schungen erwarten.

1. Kamera App öffnen und auf den QR-Code richten
2. Auf den angezeigten Link tippen und schon ist das Scannen des QR-Codes erledigt.

link: auswaertiges-amt.de

Inhalt

Rom im Überblick 15
Die Geschichte Roms 19
Wetter, Klima und beste Reisezeit für Rom 23
Religion, Sprache und Währung 25
Die Küche Roms 27
Die schönsten Stadtviertel Roms 29
Das Viertel Monti 30
Das Viertel Trastevere 31
Das Viertel Parioli 31
Das Viertel Ripa auf dem Aventinhügel in Rom 31
Das Viertel Eur 32
Die antike Altstadt 33
Das moderne Stadtzentrum 33
Der souveräne Staat Vatikanstadt 33
Tridente und Campo Marzio 34
Die schönsten Plätze und Aussichtsplattformen in Rom 35

Die Vittoriano Dachterrasse Terrazza delle Quadrighe.35
Die Kuppel des Petersdoms im Vatikan.....36
Die Terrazza del Pincio über der Piazza del Popolo.....37
Die Aussichtsplattform des Palatino.....38
Der Hügel bei Gianicolo.....38
Das Castel Sant'Angelo.....39
Ausblick vom Aventin Hügel.....40
Die sieben Hügel der Stadt und mehr.....41
Roms Highlights und Sehenswürdigkeiten.....43
Das Kolosseum.....43
Die Spanische Treppe.....45
Das Forum Romanum.....47
Der Petersdom.....48
Der Petersplatz.....50
Das Pantheon in Rom.....51
Der Trevi Brunnen.....52
Die Engelsburg.....54
San Pietro in Vincoli.....55
Der Lateran.....56
Die Piazza del Campidoglio.....58
Die Trajanssäule.....59
Der Circus Maximus.....60
Monumento Vittorio Emanuele II.....61
Bocca della Verità - der Mund der Wahrheit.....62
Die Piazza Navona.....64

Die Piazza del Popolo....65
Museen in Rom....67
Die Vatikanischen Museen und die Sixtinische Kapelle67
Die Galleria Borghese....69
Die Kapitolinische Museen....70
Das MAXXI - Museo nazionale delle arti del XXI secolo....70
Das Römische Nationalmuseum....71
Der Palazzo Massimo Alle Terme....71
Die Diokletians Thermen....72
Der Palazzo Altemps....72
Die Crypta Balbi....73
Das Centrale Montemartini....73
Märkte und Parks in Rom....75
La Casina delle Civette - das Eulenhäuschen....75
Der Rosengarten - Roseto comunale....76
Der Mercato Monti....76
Der Park der Aquädukte....77
Der Mercato Nuovo Esquilino....78
Der Farmers Market Garbatella....78
Der Mercato di Campagna Amica del Circo Massimo...79
Der Mercato dell'Unità....79
Der Mercato Campo de Fiori....79
Eataly - halb Markt, halb Kaufhaus....80
Der Flohmarkt Via Sannio / San Giovanni....81
Der Porta Portese....81

Gastronomie in Rom - Hotels, Kaffeehäuser, Restaurants und Nachtleben 83

Schöne Hotels in Rom 85

iRooms Forum & Colosseum 85

Piazetta de Monti Suites 86

Das Hotel Ferraro 86

Das Hotel Terme Olimpia 87

Residence Regola 87

Das Hotel Gonfalone 6 88

Das Hotel Hotel Quattro Dame 88

Casa Di Santa Francesca Romana a Ponte Rotto 89

Das Hotel Arcangelo 89

Tolle Kaffeehäuser und Bars in Rom 91

Das Pompi – Regno del Tiramisù 91

Das Cafè Colbert 92

Die Eisdiele Fata Morgana 92

Die Eisdiele Fior di Luna 93

Il gelato di Claudio Torcè 94

Das Gatsby Cafè 94

Das Tram-Depot 95

Das Etabli 96

Die besten Restaurants in Rom 97

Restaurant La Pergola 97

Das Restaurante Il Pagliaccio 98

Die L'Osteria Enoteca Corsi 98

My Ale....99
Pane e Salame....99
Pasta Chef....100
Die Trattoria Cacio e Pepe....100
Das Voy Restaurant....101
Das Bir & Fud....102
Das Nachtleben in Rom....103
Der Ice Club....103
Der Piper Club....104
Der Lanificio 159 Tanzclub....104
Das L'Alibi....105
Der Akab Club....105
Gregory's Jazz Club....106
Die Qube Disco....106
Das Art Café....107
Shopping in Rom....109
Einkaufen auf der Via del Corso....109
Die Galeria Alberto Sordi....110
Das Euroma2....110
Die Porta di Roma Mall....111
Die U-Bahn in Rom....113
Kleine Tipps für den Urlaub in Rom....115
Italienisch für Touristen....116
Impressum:....125

Hinweis bevor es losgeht *– warum sind wenige Fotos im Buch?*

Und warum ist die Taschenbuch Ausgabe in schwarz/weiß?

Viele werden sich fragen, warum dieses Buch ohne bunte Fotos angeboten wird. Dies ist ganz einfach erklärt. Fotos sind ein hoher Kostenpunkt, den der Endkunde zu tragen hätte. Ein Stadtführer mit Hochglanzfotos würde einen Preis von mehr als 25 Euro haben. (aufgrund von Druck- und Lizenzkosten)

Wir möchten unseren Lesern jedoch günstige Buchpreise bieten, deshalb haben wir bewusst auf bunte Hochglanzfotos verzichtet.

Zudem ist es bedeutend umweltschonender, auf den Druck von unnötig vielen Bildern zu verzichten. Ein Punkt, der in der heutigen Zeit immer mehr an Wichtigkeit gewinnt. Nun möchten wir euch aber nicht mehr auf die Folter spannen. Wir wünschen euch eine schöne Reise und viel Spaß.

OWB Online:

Exklusiv für unsere treuen Leser, gibt es nun unseren Online Bonus-Zugang. Dieser Zugang ist für Sie vollkommen kostenlos. Scannen Sie einfach mit Ihrer Kamera-App den QR-Code auf der rechten Seite und legen sie los!

OWB Bonus-Zugang:

Je nach Verfügbarkeit:

- Zusätzliches Reisematerial wie z.B.: Stadtpläne, U-Bahnpläne...
- Reisegutscheine und Rabattcodes
- Top Aktivitäten und Links zum Buchen
- Sonderaktionen
- Informationen zu Covid Regeln & Einreise

QR-Code scannen und los geht's!

GUDM - 2D2T19 - G000OM8

Rom im Überblick

Rom ist die ewige Stadt, die Hauptstadt Italiens, eine Metropole der Mode, der Kunst und der Geschichte. Wer einen Urlaub in Rom plant, sollte genügend Zeit mitbringen, denn die Stadt ist vielseitig und wartet mit einer Fülle an Sehenswürdigkeiten. Auch sollten Sie sich auf keinen Fall einen Besuch im Vatikan, dem Zwergen-Staat im

Zentrum Roms, entgehen lassen.

Rom ist bunt und pulsierend. Am besten erkunden Sie die Stadt zu Fuß und mit den öffentlichen Verkehrsmitteln. Um mit dem Auto durch Rom zu schaukeln, benötigen Sie nicht nur gutes Fahrkönnen, sondern auch starke Nerven und eine ordentliche Portion an Geduld und Mut. Sie können sich jedoch auch einen Motorroller ausleihen und damit traditionell durch Roms Straßen und Gassen düsen. Vergessen Sie jedoch niemals den Sturzhelm und passen Sie gut auf.

Italiener sind generell für Ihren Nationalstolz bekannt. Erklingt bei einer Veranstaltung die italienische Nationalhymne, so wird aus vollen Kehlen die „Fratelli d'Italia" mitgesungen. Römer legen hier noch eine Schaufel nach, denn Rom ist das Zentrum und der Ursprung der Kulturen und der Geschichte. Fragt man einen Bewohner Roms, egal wo auf der Welt, woher er kommt, wird er immer Rom - und nicht Italien nennen.

Rom wird auch die ewig schöne Stadt am Tiber genannt. Neben der architektonischen Schönheit legen Römer auch viel Wert auf ihr Äußeres. Man nennt es hier bella figura, und gerade abends sollten auch Touristen darauf achten, nicht in kurzen Hosen, langen Tennissocken und Sandalen durch die Lokale und Gassen zu ziehen, um nicht als totales Greenhorn zu gelten.

Kaum eine andere Stadt ist so mit Klischees behaftet wie Rom. Und gerade diese machen den besonderen Flair der Stadt aus. Als Besucher der ewigen Stadt sollten Sie eintauchen und die von den Römern geliebten Traditionen mitmachen. So gehört es hier einfach dazu, sich zumindest einmal nicht an den Frühstückstisch im Hotel zu setzen, sonder wie die Römer, dicht gedrängt an einer Bar einen Cappuccino und ein Cornetto im Stehen zu genießen. Auch gehört es dazu, mindestens einmal über einen authentischen Wochenmarkt zu schlendern und die oft hitzigen Verkaufsgespräche zwischen Kunden und Marktfrauen zu verfolgen. Genießen Sie auf einer Piazza einen Espresso oder einen Aperitivo. Römer lieben Musik und Fußball. Wenn Sie die Möglichkeit und die Zeit haben, sollten Sie ein Fußballspiel oder ein Konzert besuchen. Römer sind zudem sehr an Kultur interessiert. Jeden ersten Sonntag im Monat ist in den meisten Museen der Eintritt frei und Sie können die Sehenswürdigkeiten kostenlos, jedoch inmitten einer Horde italienischer Familien, besichtigen.

Die Geschichte Roms

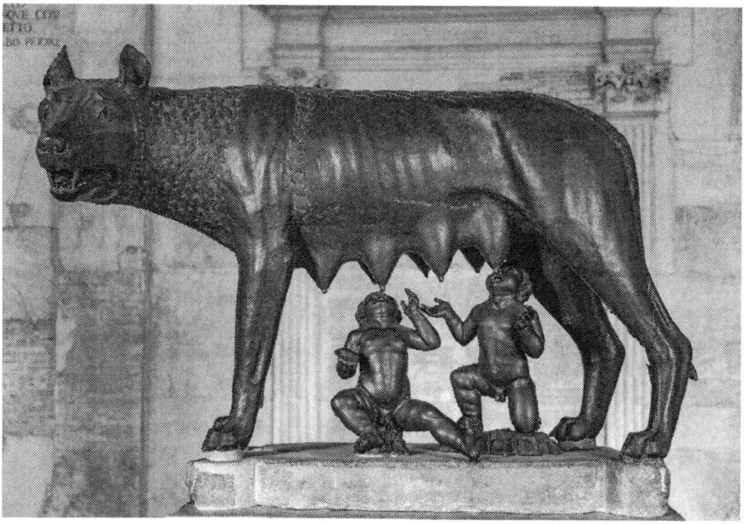

Die Geschichte Roms reicht mehrere Jahrtausende zurück. Bereits vor dem eigentlichen Bau Roms wurden die Hügel vom Hirtenvolk der Latiner bewohnt. Der Hügel des Palatin soll bereits im 13. Jahrhundert vor Christus besiedelt gewesen sein. Natürlich sind Romulus und Remus die eigentlichen Gründer Roms, doch viel wichtiger ist die

Sage, die hinter der Entstehung Roms steckt. Der Kriegsgott Mars hatte eine Affäre mit der Königstochter Rhea Silva, die kurze Zeit später Zwillinge gebar. Der König war darüber erbost und befahl seinem Diener, die Zwillinge in einem Korb auf dem Tiber auszusetzen. Der Korb verfing sich an einer Böschung und wurde von einer Wölfin entdeckt. Die Wölfin sorgte sich um die zwei Babys, zog diese auf und säugte sie. Später kamen die Kinder zum Hirten Faustulus, der diese adoptierte und ihnen die Namen Remus und Romulus gab.

Die Zwillinge waren von enormem Eifer getrieben und wollten eine eigene Stadt gründen. Die Eselsbrücke „753 – kroch Rom aus dem Ei" gibt einen Anhaltspunkt für die Gründung Roms. Es kam jedoch bald zum Streit zwischen den Brüdern, denn es konnte nur einen Herrscher geben. Bei dem Streit wurde Remus getötet und Romulus war nun der Herrscher der Stadt. Die Stadt wuchs und wurde immer größer. Man hatte jedoch ein großes Problem - Frauen waren hier absolut in der Minderheit. Romulus entschloss sich, einfach Frauen aus benachbarten Dörfern und Regionen zu entführen. Es folgte der Raub der Sabinerinnen. Bei den Sabinern handelte es sich um ein Volk aus dem Apenin. Die Frauen des Volkes schafften es mit viel Verhandlungsgeschick, dass sich das gesamte Volk auf dem Hügel Quirinal niederlassen konnte.

Bis 500 vor Christus wurde Rom von den Etrusker-Königen regiert. Hier galt eine strenge Hierarchie. Die tyrannischen Könige wurden letztendlich jedoch aus der Stadt gejagt. Bereits 450 vor Christus erhielt Rom eine Gesetzgebung - das sogenannte Zwölftafelgesetz war entstanden. Noch heute können viele Inschriften mit den Buchstaben „S.P.Q.R." entdeckt werden. Dies war die Abkürzung für Senatus Populus que Romanus - Der Senat und das Volk Roms. Immer wieder wurde Rom angegriffen und so entstanden die mächtigen Stadtmauern rund um die sieben Hügel Roms. Es begann der Siegeszug Roms. Nach der Unterwerfung Süditaliens und Mittelitaliens folgten Karthago und der Mittelmeerraum und bald dehnte sich das Römische Reich bis Griechenland und Kleinasien aus.

Im Jahre 60 vor Christus schlossen sich Cäsar, Crassus und Pompejus zu einem Triumvirat zusammen, welches jedoch nur von Cäsar überlebt wurde. Cäsar, der sich zum alleinigen Herrscher ausgerufen hatte, wurde später vom Senat ermordet und es kam zu einem 17-jährigen Bürgerkrieg. Dieser gilt als Ausgangspunkt für die Entstehung des Kaiserreichs.

Nach dem Bürgerkrieg kam Octavian, ein Neffe Cäsars an die Macht. Er wurde als Augustus der Erhabene zum ersten Kaiser der Weltstadt Rom. Die politischen Verhältnisse waren während seiner 45 Jahre Regentenzeit stabil. Es war die Blütezeit der Kunst, des Handwerks, der Architektur und diese Ära war für Brot und Spiele berühmt, durch welche das Volk bei Laune gehalten wurde. Die nachfolgenden Kaiser regierten bei Weitem kürzer und waren für ihren Größenwahn und ihre Prunksucht bekannt und es kam zu Mord und Totschlag aus Gründen der Macht und Eifersucht.

Im dritten Jahrhundert wurde das Römische Reich von den Persern und den Germanen bedroht. Kriege, Hungersnöte und auch das aufkommende Christentum schwächten das Römische Reich. Unter Konstantin wurde das Christentum im Jahre 313 anerkannt und er machte Konstantinopel am Bosporus zur neuen Hauptstadt des Römischen Reichs. Rom verblieb der symbolische Titel als Hauptstadt der Welt. Unter Kaiser Theodosius und seinen Söhnen wurde das Römische Reich aufgeteilt und dadurch immer schwächer. Kaiser Romulus Augustus gilt als letzter Kaiser der Römischen Reichs.

Der erneute Aufschwung Roms begann im 7. Jahrhundert durch Papst Gregor. Das Papsttum brachte im 15. Jahrhundert endgültig Glanz und Gloria zurück. Steuern und Ablasszahlungen wurden eingeführt und prachtvolle Kirchen und Gebäude entstanden. 1871 wurde das vereinte italienische Königreich ausgerufen. Vittorio Emmanuele II. regierte das Land, Rom wurde die Hauptstadt des Königreichs und der Papst zog sich in den Vatikanstaat zurück.

Nach dem 1. Weltkrieg erlangte der Faschist Bonito Mussolini nach dem legendären „Marsch auf Rom" die Macht. Im Jahre 1946 endete das Königreich Italien. Italien wurde zur Republik, doch Rom verblieb Hauptstadt. In Rom konnten zahlreiche historische Bauwerke erhalten, renoviert und restauriert werden. Diese sind heute mit ein Grund, dass diese Stadt ein so enormer Touristen-Magnet ist.

Wetter, Klima und beste Reisezeit für Rom

Das Wetter in Rom wird vom mediterranen Klima geprägt. Die Sommer sind warm bis heiß und trocken und die Winter sind mild und feucht. Von Mai bis Oktober befinden sich die Temperaturen oberhalb der 20° Celsius Grenze und Juli und August bescheren die heißesten Temperaturen. Nachts sinken die Temperaturen im Schnitt um 10° Celsius ab. Dezember, Januar und Februar sind die kühlsten Monate mit durchschnittlichen Tagestemperaturen von 13° Celsius. Nachts betragen die Temperaturen zwischen 3° Celsius und 5° Celsius, sinken jedoch kaum unter den Gefrierpunkt. Es kann jedoch auch in Rom, wenn auch selten, zu Schneefall kommen. Der meiste Niederschlag fällt im November, während Juli und August die trockensten Monate mit kaum Niederschlag sind.

Generell lädt Rom das ganze Jahr hindurch zu entspannten Reisen ein. März und April bieten angenehme Temperaturen und die Natur beginnt zu erwachen. Gerade bei Städte- und Kulturreisen schätzen Sie es vielleicht, wenn Sie nicht allzu schnell ins Schwitzen geraten. Wer jedoch nicht aus religiösen Gründen den Vatikan während der Osterfeiertage besuchen möchte, sollte diese Periode meiden. Jetzt ist Hochsaison in Rom und die Stadt schein aus allen Nähten zu platzen.

Ab Juni beginnt der sogenannte Roma Estate - der Kultursommer. Der Sommer in Rom ist traumhaft. Zwischen Juli und August müssen Sie jedoch mit Temperaturen um die 35° Celsius rechnen. Im August ist zwar Hochsaison, viele Römer jedoch verlassen während der sogenannten Ferragosto Feiertage rund um den 15. August die Stadt. Es kann sein, dass kleinere Geschäfte, Restaurants und Bars geschlossen haben. Dafür herrscht im August auch überraschend wenig Stau in der sonst so überfüllten Stadt.

Der Herbst ist wie das Frühjahr ideal für Städtereisen nach Rom, Sie sollten jedoch zur Sicherheit eine Regenjacke und einen Regenschirm im Gepäck haben. Der Winter ist perfekt, um alle Museen Roms zu besuchen. Auch das Ambiente mit Christbäumen und geschmückten Straßen ist in Rom atemberaubend. Fashionistas zieht es im Januar und Februar nach Rom - nun findet der begehrte Winterschlussverkauf statt.

Religion, Sprache und Währung

Religion spielte im Römischen Reich stets eine große Bedeutung und Politik und Religion waren eng miteinander verbunden. Zu Beginn stand natürlich der Götterglaube und das Leben wurde stark von den Göttern beeinflusst. Im antiken Rom wurden Götter als reale Geschöpfe angesehen, die am täglichen Leben teilhatten. Ob Jupiter als Gewitter oder Mars als Krieg - die Götter erschienen den Römern im Alltag. Bis etwa 300 nach Christus kam es zu schweren Christenverfolgungen. Ab 313 galt das Gesetz der freien Religionsausübung. Das Blatt wendete sich, als Kaiser Theodosius I. im Jahr 380 das trinitarische Christentum zur Staatsreligion erklärte und alle heidnischen Religionen verbot. Im 8. Jahrhundert wurde Rom zum Zentrum des Kirchenstaates. Rom mit dem Vatikan ist noch heute das geistliche Zentrum der römisch-katholischen Kirche. In Rom finden Sie noch heute mehr als 900 Kirchen und knapp 90% der Römer bekennen sich zur römisch-katholischen Kirche.

Bereits 200 Jahre vor Christus lebten auch viele Juden in Rom. Diese mussten ab dem 16. Jahrhundert in Ghettos leben, bis es 1870 zur Aufhebung des Kirchenstaats kam. Noch heute leben in Rom knapp 20.000 Juden. Protestanten, Orthodoxe und Muslime zählen noch heute in Rom zur absoluten Minderheit. Diesen Religionen gehören fast ausschließlich Zuwanderer aus dem Osten und dem Orient an. Dennoch zählte die Moschee von Rom jahrelang als größte Moschee Europas.

In Rom wird Italienisch gesprochen. Wer Italienisch in der Schule gelernt hat, darf sich jedoch nicht wundern, wenn der römische Dialekt teilweise wie eine komplett andere Sprache klingt. Beim römischen Dialekt werden manche Silben hart ausgesprochen, genuschelt und Endungen teilweise verschluckt. Rom ist jedoch eine Touristen-Metropole und vielerorts wird hier englisch gesprochen und verstanden. Speisekarten und Hinweistafeln bei Sehenswürdigkeiten sind Großteils in vielen verschiedenen Sprachen wie Deutsch, Französisch, Russisch und Chinesisch ausgeführt.

Bezahlt wird in Rom mit dem Euro und auch mit EC-Karte und Kreditkarte haben Sie hier keinerlei Probleme. In beinahe allen Sehenswürdigkeiten und in Restaurants und Geschäften werden Karten als Zahlungsmittel akzeptiert. Beim Besuch von Märkten, kleinen Bars und Geschäften sollten Sie jedoch immer Bargeld mit sich führen. Ein kleiner Tipp: Sehenswürdigkeiten und dichtes Gedränge schaffen immer Anreiz für Taschendiebe. Nehmen Sie daher immer nur soviel Bargeld mit, wie Sie benötigen. Zusätzlich sollten Sie im Gedränge besonders gut auf Ihre Wertsachen aufpassen. Rom ist zwar in den letzten Jahren bedeutend sicherer geworden - doch Gelegenheit in Form von Gewusel und Gedränge macht auch hier noch häufig Diebe.

Die Küche Roms

Die römische Küche ist reichhaltig, deftig und regional. Sie besticht mit starken Aromen und viele Gerichte werden nach traditionellen Familienrezepten zubereitet. Die römische Küche ist fleischlastig und Römer haben auch einen Hang zu Innereien. In der traditionellen Küche der Bauern spielt jedoch auch Gemüse eine wichtige Rolle. Bohnen, Erbsen und Artischocken sind die beliebtesten Gemüsesorten.

Zu den Spezialitäten Roms zählen knusprige Bruschettas mit Olivenöl, Tomaten, Knoblauch und Kräutern, Spaghetti alla Carbonara, Pasta mit scharfer Arrabiata Sauce, Nudeln mit Pesto, aber auch Fisch, Lamm und die verführerisch süßen Cannoli. Dadurch, dass Rom ein Schmelz-Tiegel der vielen Kulturen Italiens ist, können Sie hier Spezialitäten aus dem gesamten Land genießen und werden feststellen: Italien ist mehr als nur Pizza und Pasta.

In Roms Restaurants wird spät zu Abend gegessen. Die oft mehr-gängigen Menüs können sich über Stunden hinziehen. Vor allem an Sonntagen werden Sie jedoch bemerken, dass italienische Familien die Restaurants belagern. Hier kommen die typischen, römischen Großfamilien zusammen und frönen dem Dolce Vita. In Rom finden Sie eine Vielzahl an Lokalen, die Ristorante, Trattoria, Osteria, Pizzeria oder einfach nur Bar heißen. Sie können unter mehr als 1.500 Restaurants in Rom wählen. In einem späteren Kapitel stellen wir Ihnen eine kleine Auswahl an beliebten und tollen Lokalen in Rom vor.

I

Die schönsten Stadtviertel Roms

Rom setzt sich aus 15 Verwaltungsbezirken zusammen, die wiederum in Rionis unterteilt sind. Jedes Viertel verzaubert mit seinem eigenen Charme und es lohnt sich auf jeden Fall, auch abseits der typischen Sehenswürdigkeiten und Attraktionen einfach durch die engen Gassen zu schlendern und das Flair Roms aufzusaugen. Bevor wir intensiv auf die einzelnen Sehenswürdigkeiten Roms eingehen, möchten wir Ihnen die wichtigsten Viertel und Stadtteile vorstellen.

Das Viertel Monti

Dieses Viertel gilt als Zentrum der antiken Heiligtümer. Das Monti Viertel erstreckt sich über den Oppius Hügel und liegt auf der Rückseite des Caelius Hügels. Das alte, antike Viertel Monti dehnt sich am Rande der Kaiserforen aus. Einst befand sich hier ein Teil der Domus Aurora, der Villa Kaiser Neros. Hier können Sie unzählige Basiliken, unter anderem die Santa Maria Maggiore, die St. Johann und die San Pietro in Vincoli Basilika besichtigen. Letztere besticht mit dem Moses des Michelangelo und ist über die malerische Borgia Treppe ab der Metrostation Cavour zu erreichen. Katakomben, alte römische Tempel, Ausgrabungen und zahlreiche Denkmäler an die Antike sind hier zu bestaunen. Zudem sind rund um die Piazza della Madonna di Monti viele gemütliche Bars und Restaurants angesiedelt. Im Monti Viertel begeben Sie sich auf eine Zeitreise in das Italien des letzten Jahrtausends und neben vielen Theatern und Palästen finden Sie hier auch die Via Nazionale, die vielleicht beliebteste Shoppingmeile. Auch ist das Monti Viertel für die vielen Vintage Läden an den Straßen Via del Boschetto und Via Leonina bekannt.

Das Viertel Trastevere

Das Viertel Trastevere gilt auch als das pulsierende Herz Roms. In diesem lebhaften Viertel tobt das Leben auf den Piazzas. Straßenkünstler und Cafes, Restaurants und Bars bieten hier Tag und Nacht Unterhaltung pur. Zudem können Sie hier auch viele bedeutende Villen des 16. Jahrhunderts bestaunen. Auch viele Kirchen und der Leuchtturm stehen im Viertel Trastevere auf dem Programm.

Das Viertel Parioli

Hier handelt es sich um das eleganteste Viertel Roms. Im Viertel Parioli können Sie viele historische Sehenswürdigkeiten entdecken und danach in den idyllischen Parks relaxen. Auch das Nachtleben ist in diesem Viertel besonders attraktiv. Hier befindet sich auch der legendäre Club „The Piper“ aus den 1950-er Jahren. Dieser war einst der beliebte Treffpunkt der internationalen High Society.

Das Viertel Ripa auf dem Aventinhügel in Rom

Beim Aventinhügel handelt es sich um einen der legendären sieben Hügel Roms. Auf dem südlichsten Hügel der Stadt wurde der Legende nach einst Rom gegründet. Hier befanden sich einst die privaten Paläste von Trajan und Hadrian. Heute ist das Ripa ein sehr elegantes Wohnviertel mit unzähligen architektonischen und historischen Besonderheiten. Neben dem Circus Maximus befinden sich hier auch der Mund der Wahrheit und der Palast der Ritter von Malta. Auch sollten Sie sich hier den schönen Orangengarten mit der atemberaubenden Aussicht auf Rom nicht entgehen lassen. Das Highlight im Viertel Ripa ist jedoch das berühmte Schlüsselloch. Wenn Sie durch dieses magische Schlüsselloch blicken, erhalten Sie Aussicht auf den Petersdom.

Das Viertel Eur

Bei diesem Viertel handelt es sich um den modernsten Stadtteil Roms. Er wurde einst von Mussolini im Jahr 1938 in Auftrag gegeben und sollte als Austragungsort für die geplante Weltausstellung im Jahre 1942 dienen. Mussolini hatte den Drang, mit diesem Viertel die päpstlichen Paläste Roms in den Schatten zu stellen. Der Zweite Weltkrieg verhinderte die Weltausstellung, jedoch wurden im Viertel Eur im Jahre 1960 die Olympischen Spiele ausgetragen. Das Viertel Eur unterscheidet sich auch architektonisch enorm von den restlichen Gebäuden und Palästen Roms. Hier spricht man von der typisch faschistischen Architektur, die sich mit langen Alleen und imposanten Säulengängen auszeichnet. Quer durch die historischen Kaiserforen ließ Mussolini einst die Via dei Fori Imperiali bauen. Diese Straße diente Militärparaden. Die angelegte Straße Via Cristoforo Colombo sollte den direkten Zugang zum Mittelmeer markieren und die Straße Via Cristoforo Colombo war die Zubringer-Straße für Mussolinis Aufmärsche. Auch können Sie im Eur Viertel den Luneur - den Vergnügungspark besuchen. Neben dem Palast der italienischen Zivilisation finden Sie hier auch das neue Kongresszentrum, den Sportpalast und die Peter und Paul Basilika. Der Park Parco Dell'Eur lädt zum Entspannen ein und ist auch ein beliebter Treffpunkt für sportliche Aktivitäten.

Die antike Altstadt

Die antike Altstadt wird auch Centro Storico genannt. Dieses Viertel sprudelt nur so über vor historischen Bauten und punktet mit zauberhafter Architektur und Gebäuden mit malerischen Balkonen. Hier befinden sich das Pantheon, der Markt Campo de' Fiori und das Nationalmuseum.

Das moderne Stadtzentrum

Das moderne Zentrum setzt sich aus den Rioni Trevi und Castro Pretori zusammen. Natürlich ist hier der Trevi Brunnen das Non-plus-ultra für alle Rom-Besucher. Aus dem Federico Fellini Film „La dolce Vita“ ist natürlich die exklusive Via Veneto bekannt. Hier finden Sie auch die legendäre Harry`s Bar, wie zahlreiche andere elegante und hochpreisige Restaurants.

Der souveräne Staat Vatikanstadt

Das heilige Zentrum der Katholiken wird heute von 13 Familien bewohnt und das Übernachten im Vatikan ist für Normalsterbliche so gut wie unmöglich. Natürlich müssen Sie hier den Petersdom besucht haben, sollten sich jedoch explizit an die strengen Kleidervorschriften halten. Schlendern Sie über den Petersplatz oder durch die Vatikanischen Gärten und besuchen Sie die Vatikanischen Museen. Nicht nur für Katholiken ist der Besuch im Vatikan ein besonderes Erlebnis.

Tridente und Campo Marzio

Der Campo Marzio befindet sich zwischen der Piazza del Popolo und der Via dei Condotti. Hier formen drei von der Piazza del Popolo abgehende Straßen die sogenannte Tridente. Das Highlight dieses Viertels ist die Piazza di Spagna mit der Spanischen Treppe. Auch ist diese Gegend als wahres Shopping- Paradies bekannt. Rund um die Via Condotti haben sich hier bekannte Designer und Luxusmarken angesiedelt und Sie finden hier zahlreiche Boutiquen.

Die schönsten Plätze und Aussichtsplattformen in Rom

Da Rom bekanntlich auf sieben Hügel erbaut wurde, finden Sie in der Ewigen Stadt eine Fülle traumhafter Aussichtspunkte. Genießen Sie Rom von oben, blicken Sie über die Dächer der Stadt und lassen Sie sich vom imposanten Anblick überwältigen.

Die Vittoriano Dachterrasse Terrazza delle Quadrighe

Am besten gelangen Sie hierher mit der Stadtbahn bis Venezia.

Webseite

QR-Code Scannen
und los geht's!

Adresse:
Piazza dell'Ara Coeli, 1,
00186 Roma RM.

Hierbei handelt es sich um ein Denkmal, das auch den unschmeichelhaften Spitznamen „die Schreibmaschine“ trägt. Es wurde einst für König Vittorio Emanuele II. erbaut und befindet sich an der Piazza Venezia. Auf dem Dach befindet sich in einer Höhe von 65 Metern eine Dachterrasse mit Kaffeehaus. Das tolle an diesem View-Point ist, von hier aus haben Sie einen uneingeschränkten 360° Panoramablick auf alle wichtigen Sehenswürdigkeiten Roms. Auf die Terrasse gelangen Sie ausschließlich mit dem seitlich angebrachten, gläsernen Fahrstuhl, für den Sie jedoch bezahlen müssen.

Die Kuppel des Petersdoms im Vatikan

Am besten gelangen Sie hierher mit der Metro bis Ottaviano.

Webseite

QR-Code Scannen
und los geht's!

Adresse:
Piazza San Pietro,
00120 Città del Vaticano, Vatikanstadt.

TIPP Dieser Aussichtspunkt ist immer noch ein wahrer Geheimtipp, auch wenn er sich mitten im touristischen Epizentrum befindet. Der Grund: Es führen 551 Stufen zur Kuppel hinauf. Zwar gibt es einen Aufzug, aber auch hier warten im Anschluss noch 320 Stufen darauf, bewältigt zu werden. Der mühsame Aufstieg lohnt sich jedoch absolut. Hier genießen Sie einen atemberaubenden Ausblick auf Rom.

Die Terrazza del Pincio über der Piazza del Popolo

Am besten gelangen Sie hierher mit der Metro A Flamino oder der Tram FR2 bis Flamino.

Webseite

QR-Code Scannen
und los geht's!

Adresse:
Salita del Pincio,
00187 Roma RM.

Über Treppen und Rampen führt Sie der Weg von der Piazza del Popolo zur Terrasse und dem dazugehörigen Park. Dies ist jedoch keiner der sieben Hügel, auf welchen Rom erbaut wurde. Der Eingang der Villa Borghese befindet sich hier oben und besonders ist dieser Spot abends zu empfehlen. Hier erleben Sie den vielleicht schönsten Sonnenuntergang über Rom.

Die Aussichtsplattform des Palatino

Am besten gelangen Sie hierher mit der Metro B bis Colosseo oder mit der Tram 3 bis Colosseo.

Webseite

QR-Code Scannen
und los geht's!

Adresse:
Piazza S. Maria Nova 53,
oder über die Via S. Gregorio 30.

Von der Aussichtsplattform des Palatino erleben Sie einen traumhaften Blick über das Kapitol, das Forum Romanum und das antike Zentrum Roms. Nicht nur für Kulutrfans ist dieser Spot ein Muss während eines Aufenthalts in Rom.

Der Hügel bei Gianicolo

Am besten gelangen Sie hierher mit dem Bus Nummer 115 und 870.

Adresse:
Piazzale Giuseppe Garibaldi,
00165 Roma.

Vom Vatikan aus erhebt sich dieser Hügel am westlichen

Ufer des Tibers. Der 82 Meter hohe Hügel bietet Ihnen einen spektakulären Blick auf Rom. Von hier aus können Sie die sieben klassischen Hügel Roms erblicken. Unbedingt sollten Sie hier zum Garibaldi Denkmal und zur großen Terrasse der Piazza Garibaldi.

Das Castel Sant'Angelo

Am besten gelangen Sie hierher mit der Bahn bis Risorgimento - San Pietro.

Webseite

QR-Code Scannen
und los geht's!

Adresse:
Lungotevere Castello, 50,
00193 Roma RM.

Die Dachterrasse der Engelsburg bietet Ihnen einen sagenhaften Ausblick auf die Stadt. Von hier oben entdecken Sie den Fluchtweg in den Vatikan und können den Petersdom mit seinen Kuppeln von oben bestaunen. Lassen Sie den Blick über den Tiber schweifen und erleben Sie Rom aus einer neuen Perspektive.

Ausblick vom Aventin Hügel

Am besten gelangen Sie hierher mit der Metro bis Circo Massiomo und legen den letzten Weg zu Fuß zurück. Der Fußweg dauert etwa 15 Minuten.

Webseite

QR-Code Scannen
und los geht's!

Adresse:
Via di Santa Sabina,
00153 Roma.

Der Orangen-Garten und der Savello Park bieten einen schönen Ausblick auf Rom. Hier befinden Sie sich auf dem südlichsten der sieben Hügel Roms. Entdecken Sie von hier aus das Kapitol und den Petersdom von oben und genießen Sie das malerische Ambiente der grünen Gartenanlage. Unbedingt sollten Sie hier bis zur Piazza dei Cavalieri di Malta hochgehen. Hier befindet sich ein Tor mit dem legendären „il buco die Roma". Ein Blick durch das Schlüsselloch gibt eine Sicht auf die Kuppeln des Petersdoms frei.

Die sieben Hügel der Stadt und mehr

Eigentlich ist es so einfach, Rom von oben zu erleben. Sie müssen nur einen der sieben klassischen Hügel der Stadt besteigen. Die sieben Hügel, auf welchen Rom erbaut wurde, heißen der Größe nach sortiert Aventin, Caelius, Esquilin, Kapitol, Palatin, Viminal und Quirinal. Auch der Monte Mario bietet eine besonders schöne Aussicht. Hierbei handelt es sich um die höchste Erhebung Roms. In Rom werden unzählige sogenannte Panorama- Touren angeboten. Mit einem Bus fahren Sie so zu den schönsten Aussichtspunkten der Metropole. Dies kann unter Umständen bequemer sein, als alle einzelnen View-Points mühsam selbst zu suchen.

Roms Highlights und Sehenswürdigkeiten

Das Kolosseum

Am besten gelangen Sie hierher mit der Metro bis Colosseo.

Webseite

QR-Code Scannen
und los geht's!

Adresse:
Piazza del Colosseo, 1,
00184 Roma.

In früheren Zeiten lautete der Name des Kolosseums „Amphitheatrum Flavium“. Hier fanden die legendären Gladiatoren-Kämpfe statt und das Volk wurde mit Brot und Spielen unterhalten. Lassen Sie sich von der grandiosen Architektur verzaubern und lauschen Sie den schaurigen und grausamen Geschichten über Kämpfe, die hier stattfanden. Kaiser Vespasian ließ das Amphitheater im Jahre 72 nach Christus errichten. Die Eröffnung des Theaters war Überlieferungen zufolge ein enormes Spektakel. Über 100 Tage lang wurden täglich Kämpfe, Spiele und Tierhetzen ausgetragen. Ins Innere des Theaters gelangten die Zuschauer durch eines der 80 Tore. Im Kolosseum fanden gleichzeitig 50.000 Zuschauer Platz. Das Bauwerk ist 48 Meter hoch und hat einen Umfang von 527 Metern. Die damals angewandte Architektur wird auch heute noch beim Bau von Stadien umgesetzt.

Schon zu damaliger Zeit wurde in diesem Theater viel Show geboten. Es gab Falltüren und Rampen und mit Flaschenzügen wurden vielzählige Kulissen in die Arena transportiert. Auch konnte ein Teil der Arena geflutet werden. So konnten aufregende Seeschlachten nachgestellt werden. Durch Kaiser Konstantin wurden mit dem Einzug des Christentums im Jahre 313 die Gladiatorenkämpfe abgeschafft. Sie kamen nach seiner Regentschaft jedoch wieder in Mode, wurden jedoch unter Kaiser Valentinian III. im Jahre 438 endgültig verboten. Das Kolosseum war beachtliche 450 Jahre in Betrieb. Der totale Verfall des Monuments konnte durch Papst Benedikt XIV. im 18. Jahrhundert gestoppt werden, der das Kolosseum zur Märtyrerstätte ernannte.

Das Kolosseum ist heute nicht nur eine der schönsten und bedeutendsten Sehenswürdigkeiten Roms - es ist auch ein Symbol gegen die Todesstrafe. Sobald eine verhängte Todesstrafe an einem beliebigen Ort der Welt ausgesetzt wird, oder ein Land die Todesstrafe komplett abschafft, erstrahlt das Kolosseum in goldenem und grünem Licht.

Die Spanische Treppe

Am besten gelangen Sie hierher mit der Metro bis Spagna.

Webseite

QR-Code Scannen
und los geht's!

Adresse:
Piazza di Spagna,
00187 Roma.

Die italienische Bezeichnung für die Spanische Treppe lautet: Scalinata di Trinità dei Monti. Die Treppe wurde im Jahre 1723 von Papst Innozens XIII. in Auftrag gegeben, um die Kirche Santa Tinità die Monti und die Piazza di Spagna zu verbinden. Auch König Ludwig XII. setzte sich sehr für den Bau der imposanten Treppe ein. Es kam zu zahlreichen Konflikten, da sich der Sonnenkönig hier selbst ein Denkmal setzen wollte, doch die Kirche gewann und die Treppe wurde im italienischen Stil erbaut.

Die Spanische Treppe ist in drei Abschnitte unterteilt. Der breite dreiteilige Aufgang führt zur ersten Terrasse. Nach der zweiten Terrasse führen die Stufen hoch zur Kirche. Sie sollten jedoch auch den Platz vor der Treppe beachten. Hier befindet sich der Fontana della Barcaccia Brunnen. Dieser soll der Legende nach während einer Überschwemmung an Land gespült worden sein.

Das Forum Romanum

Am besten gelangen Sie hierher mit der Metro bis Colosseo.

Webseite

Adresse:

Via della Salara Vecchia, 5/6,
00186 Roma RM.

QR-Code Scannen
und los geht's!

Das Forum Romanum galt in der Antike als das wirtschaftliche, kulturelle, politische und gesellschaftliche Zentrum der Stadt. Jede römische Stadt besaß zu jenen Zeiten ein Forum Romanum. Heute können Sie lediglich die Ruinen des Forums bestaunen, da es zwischenzeitlich, wie auch das Kolosseum, als Steinbruch verwendet wurde. Nichtsdestotrotz können Sie hier den einstigen Glanz des Forums erahnen.

Viele Monumente sind immer noch gut erhalten und Sie können hier den Titusbogen bestaunen, nach dessen Vorbild später der Arc de Triomphe in Paris erbaut wurde. Das Forum wurde in drei Klassen eingeteilt. In einem Bereich befanden sich die religiösen Bauwerke. Hier befand sich der Saturn-Tempel, die Tempel für Castor und Pollux und auch der Tempel der Vestalinnen. Im politischen Bereich befanden sich das Senatsgebäude und das Gefängnis. Der dritte Abschnitt diente dem Handel und der Wirtschaft. Hier waren die Marktplätze angesiedelt.

Das Forum Romanum entstand etwa im Jahre 490 vor Christus. Augustus ließ das Forum prunkvoll mit viel Marmor umgestalten. Unter Augustus war es Pflicht, auf dem Forum Romanum eine Toga anstelle der Alltagskleidung zu tragen.

Der Petersdom

Am besten gelangen Sie hierher mit der Metro bis Ottaviano.

Webseite

QR-Code Scannen
und los geht's!

Adresse:
Piazza San Pietro,
00120 Città del Vaticano.

Beim Dom San Pietro in Vaticano handelt es sich um die Grabeskirche des Apostels Simon Petrus. Es ist somit das zentrale Heiligtum der römisch-katholischen Kirche. In der Kirche, in welcher gleichzeitig 20.000 Menschen Platz finden, hält der Papst seine Messen ab. Das Highlight ist garantiert die imposante Kuppel, die als größtes, freitragendes Gebäude aus Ziegeln erbaut gilt.

Neben der mächtigen Kuppel sollten Sie hier auch die Statue des heiligen Petrus besichtigen. Pilger kommen hierher, um dem heiligen Petrus die Füße zu küssen. Der Hauptaltar befindet sich über dem Grab des Apostels. In der Krypta sind Gräber vieler Päpste und auch fünf Nationalkapellen sind hier angeordnet. In der ersten Seitenkapelle können Sie die Pietà von Michelangelo bewundern. Diese wurde vom damals 25-jährigen Künstler im Jahre 1500 erschaffen.

Der Petersplatz

Am besten gelangen Sie hierher mit der Metro bis Ottaviano.

Webseite

QR-Code Scannen
und los geht's!

Adresse:
Piazza San Pietro,
00120 Città del Vaticano.

Der im Jahre 1657 angelegte Platz ist ein wichtiger Teil des Vatikans. Die elliptisch geformte Piazza wird von dorischen Säulen eingerahmt. Die Brüstung der Säulen ist mit 140 Heiligen-Statuen verziert. In der Mitte des Platzes können Sie den Obelisken Vaticano bestaunen. Er ist 25 Meter hoch und wird von zwei Brunnen flankiert. Zwischen Petersplatz und

Petersdom befindet sich die trapezförmige Piazza Retta. Hier werden meist am Mittwoch die Generalaudienzen des Papstes abgehalten. Diese können über Videoleinwände verfolgt werden.

Das Pantheon in Rom

Am besten gelangen Sie hierher mit der Stadtbahn bis Venezia.

Webseite

QR-Code Scannen
und los geht's!

Adresse:
Piazza della Rotonda,
00186 Roma RM.

Der Name leitet sich aus der Zusammensetzung der griechischen Wörter pan für alle und theos für Götter ab. Das Pantheon wurde somit als Tempel für alle Götter im Jahre 125 nach Christus errichtet. Beachtlich ist hier die Kuppel, die bis ins Jahr 1436 die größte Kuppel der Welt war. Sie ist auch heute noch die größte nicht verstärkte Zement-Kuppel der Welt. Ab dem Jahre 609 nach Christus wurde der Tempel zur Kirche umfunktioniert. Diesem Umstand hat es der Tempel zu verdanken, dass er nicht in einen Steinbruch umgewandelt wurde und somit eine der best erhaltenen Sehenswürdigkeiten der römischen Antike ist. Der Maler Rafael und Mitglieder der italienischen Königsfamilie sind hier begraben. Das Pantheon in Rom dient vielen imposanten Gebäuden auf der ganzen Welt heute noch als Vorbild.

Der Trevi Brunnen

Am besten gelangen Sie hierher mit der Metro bis Barberin und legen knapp 10 Minuten Fußweg zurück.

Webseite

QR-Code Scannen
und los geht's!

Adresse:
Piazza di Trevi,
00187 Roma.

Der Fontana di Trevi ist der vielleicht berühmteste Brunnen der Welt und ein absolutes Must-see in Rom. Die berühmte Kulisse aus dem Fellini Film „La Dolce Vita“ besticht mit üppiger, barocker Baukunst. Der Brunnen befindet sich am Ende des sagenhaften Aquädukts Aqua Vergine, welches Rom bereits in der Antike mit einem ausgeklügelten System mit Wasser versorgt hatte. Der Brunnen selbst ist 50 Meter breit und 26 Meter hoch. Er ist teilweise in die Fassade des Palastes Palazzo Poli integriert und wird von einem Triumphbogen eingerahmt. Den Mittelpunkt des Brunnens markiert der Meeresgott Oceanus.

Der Brunnen ist nicht nur eine architektonische Sehenswürdigkeit, sondern auch ein romantischer Treffpunkt in Rom. Wirft man eine Münze über die rechte Schulter in den Brunnen, so soll dies ein Versprechen dafür sein, wieder nach Rom zurückzukehren. Wer zwei Münzen wirft, verliebt sich in eine Italienerin oder einen Italiener und wer drei Münzen wirft, dem steht eine Hochzeit ins Haus. Einmal pro Woche werden die Münzen aus dem Brunnen gefischt und wohltätigen Zwecken zugeführt.

Die Engelsburg

Am besten gelangen Sie hierher mit der Métro bis Lepanto und legen die letzten etwa 15 Minuten zu Fuß zurück.

Webseite

QR-Code Scannen
und los geht's!

Adresse:
Lungotevere Castello, 50,
00186 Roma.

Das Castel Sant'Angelo sticht durch die turmartige, zylindrische Form sofort ins Auge. Das eigentliche Mausoleum diente für 2000 Jahre als Schloss und Festung. Das Bauwerk wurde bereits im Jahr 139 fertiggestellt und Kaiser wie Hadrian hier beigesetzt. Im 15. Jahrhundert wurde das Mausoleum von den Päpsten umgebaut. Prachtvolle Papstgemächer wurden mit unzähligen Kunstschätzen eingerichtet. Die Sala Paolina ist eines der schönsten, zugänglichen Papstgemächer.

Der Marmorengel im Innenhof der Burg stellte den Erzengel Michael dar. Er soll während der Pestseuche Papst Gregor erschienen sein und ein Ende der Seuche verkündet haben. Im 19. Jahrhundert war in der Engelsburg ein Gefängnis untergebracht.

TIPP Unbedingt sollten Sie hier das Museum Museo Nazionale di Castel Sant'Angelo besuchen. Es überzeugt mit einer Waffenkammer, Schatzkammern, Fresken, der Kapelle und der Bibliothek. Auch Puccini hat der Engelsburg in seiner Oper Tosca ein tragisches Denkmal gesetzt. Im letzten Akt begeht Tosca Selbstmord, indem sie sich von der Engelsburg stürzt.

San Pietro in Vincoli

Am besten gelangen Sie hierher mit der Metro bis Cavour.

Webseite

QR-Code Scannen
und los geht's!

Adresse:
Piazza di San Pietro in Vincoli, 4/a,
00184 Roma.

Übersetzt bedeutet der Name der Basilika St. Peter in Ketten. Hier können Sie die berühmte Moses Statue von Michelangelo bewundern. Auch das hiesige Grabmal für Julius II. wurde von Michelangelo geschaffen.

Der Lateran

Am besten gelangen Sie hierher mit der Metro bis San Giovanni.

Webseite

QR-Code Scannen
und los geht's!

Adresse:
Piazza di San Giovanni in Laterano, 4, Roma.

Obwohl sich dieser Gebäude-Komplex mitten in Rom befindet, gehört er dennoch zum Vatikan. Der Komplex besteht unter anderem aus der Lateranbasilika San Giovanni in Laterano, die auch als Mutter aller Basiliken bezeichnet wird. Sie wurde im 4. Jahrhundert erbaut, jedoch etliche Male umgebaut und renoviert. Auch das Baptisterium mit seinen antiken Mosaiken und Säulen und der Kreuzgang aus dem Jahre 1232 sind hier von großer Bedeutung. Die 36 Meter langen Arkaden sind reich mit Ornamenten verziert. Die Sancta Sanctorum ist die allerheiligste Papst-Kapelle. Die Scala Santa ist die heilige Treppe, die zur heiligen Kapelle führt. Der Legende nach stammt diese aus dem Palast von Pontius Pilatus und soll von Jesus nach seiner Verurteilung betreten worden sein. Aus Respekt soll diese Treppe von Pilgern nur auf Knien begangen werden.

Die Piazza del Campidoglio

Am besten gelangen Sie hierher mit der Metro bis Colosseo.

Webseite

QR-Code Scannen
und los geht's!

Adresse:
Piazza del Campidoglio,
Roma.

Der Kapitolsplatz besticht mit dem Reiterstandbild Marc Aurels aus Bronze. Das sternförmige Pflaster führt zum Standbild hin. Der Platz wurde im 16. Jahrhundert von Michelangelo umgestaltet. Direkt am Platz befindet sich der Senatorenpalast mit dem heutigen Rathaus.

Die Trajanssäule

Am besten gelangen Sie hierher mit der Metro bis Colosseo.

Webseite

QR-Code Scannen
und los geht's!

Adresse:
Via dei Fori Imperiali,
00187 Roma.

Dies ist die Ehrensäule für Kaiser Trajan und diente als Vorbild für die Napoleonsäule in Paris. Sie wurde im Jahre 113 nach Christus errichtet und ist immer noch sehr gut erhalten. Über eine schmale Wendeltreppe können Sie auf die Plattform gelangen.

Der Circus Maximus

Am besten gelangen Sie hierher mit der Metro bis Circo Massimo.

Webseite

QR-Code Scannen
und los geht's!

Adresse:
Via del Circo Massimo,
00186 Roma RM.

TIPP

Der größte Zirkus der Antike und die größte Arena, die jemals gebaut wurde, der Circus Maximus war 600 Meter lang und 400 Meter breit und bot zu Spitzenzeiten Platz für etwa 385.000 Besucher.

Bereits Romulus und Remus sollen auf dem damals noch sumpfigen Gebiet zwischen den Hügeln Aventin und Palatin Wettkämpfe durchgeführt haben. Hier soll es auch zum Raub der Sabinerinnen gekommen sein. Später fanden hier die legendären Wagenrennen statt.

Monumento Vittorio Emanuele II

Am besten gelangen Sie hierher mit der Tram Nummer 8.

Webseite

QR-Code Scannen
und los geht's!

Adresse:
Piazza Venezia,
00186 Roma RM.

Das Monument, welches für Il Vittorio erbaut wurde, hatte eine Bauzeit von 1885 bis 1927, wurde jedoch bereits im Jahr 1911 eingeweiht.

Bocca della Verità - der Mund der Wahrheit

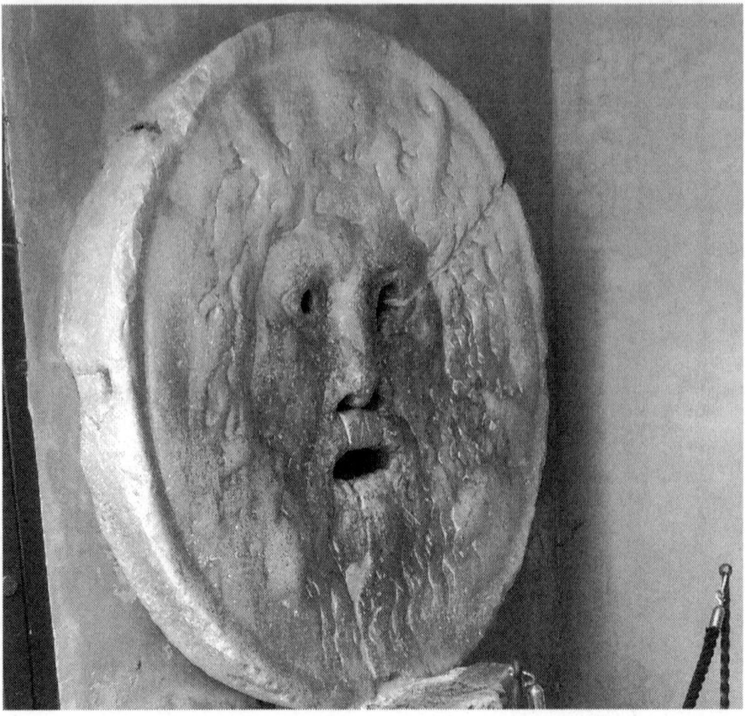

Am besten gelangen Sie hierher mit der Metro bis Circo Massimo und gehen etwa 10 Minuten zu Fuß oder Sie nehmen den Bus bis zur Piazza Bocca della Verità.

Webseite

QR-Code Scannen
und los geht's!

Adresse:
Piazza della Bocca della Verità, 18
Via della Greca, 4 Roma.

Der Mund der Wahrheit ist ein Gesicht aus Marmor und etwa 200 Jahre alt. Sie finden den Mund der Wahrheit, den antiken Lügendetektor, in der Säulenvorhalle der Kirche Santa Maria in Cosmedin. Wer seine Hand in den Mund steckt und lügt, muss damit rechnen, dass die Hand abgebissen wird. Die 20 cm dicke Scheibe ist etwa 1300 kg schwer und dürfte einst ein Kanaldeckel des antiken römischen Abwasserkanals Cloaca Maxima gewesen sein. Wen genau das Gesicht darstellt, ist nicht eindeutig bekannt.

Die Piazza Navona

Am besten gelangen Sie hierher mit der Bahn bis Venezia.

Webseite

QR-Code Scannen
und los geht's!

Adresse:
Piazza Navona,
00186 Roma RM.

Die barock gestaltete Piazza besticht mit den drei Springbrunnen. Der Brunnen der vier Ströme wurde von Gian Lorenzo Bernin geschaffen. Auch der Fontana del Moro und der Fontana del Nettuno sind bewundernswert. Im 17. und 18. Jahrhundert fand hier im August stets ein besonderes Spektakel statt. Die Brunnen wurden zum Überlaufen gebracht und alle Einwohner Roms konnten im kühlen Nass planschen. Unter Julius Caesar befand sich an diesem Platz eine Rennbahn, der sogenannte Circus Agonalis. Auch die Basilika Sant'Agnese in Agone sollten Sie besichtigen. Die Kirche, die der heiligen Agnes geweiht wurde, soll genau an jenem Platz errichtet worden sein, an welchem diese als Märtyrerin starb.

Die Piazza del Popolo

Am besten gelangen Sie hierher mit der Metro bis Flaminio.

Webseite

QR-Code Scannen
und los geht's!

Adresse:
Piazza del Popolo,
00187 Roma RM.

Der Volksplatz befindet sich mitten in Rom und wird auch häufig als Dreizack, auf Italienisch als Tridente, bezeichnet. Die berühmte Porta del Popolo wurde unter Kaiser Aurelian errichtet und in die Stadtmauer integriert. Hier befinden sich auch die Zwillingskirchen Santa Maria in Monte Santo und Santa Maria die Miracoli aus dem 17. Jahrhundert. Das Zentrum der Piazza markiert der Obelisk „Flaminio", der auf ein Alter von etwa 3300 Jahren geschätzt wird. Auch die kleine Kirche Santa Maria del Popolo mit dem angeschlossenen Kloster sollten Sie sich nicht entgehen lassen. Nach Osten erstreckt sich der Hügel Pincio aus. Dort befindet sich auch die Villa Borghese. Von der Terrazza del Pincio aus können Sie einen tollen Ausblick auf die Piazzal del Popolo genießen.

Museen in Rom

Rom ist eine Stadt der Kultur und der Geschichte. Dementsprechend viele interessante Museen können Sie in der Metropole besuchen.

Die Vatikanischen Museen und die Sixtinische Kapelle

Am besten gelangen Sie hierher mit der Metro bis Ottaviano oder Cipro.

Webseite

QR-Code Scannen
und los geht's!

Adresse:
Viale Vaticano,
00165 Roma RM.

Die Vatikanischen Museen beherbergen die vielleicht größten Kunstschätze der Welt. Hier können Sie die Sammlungen der orientalischen Altertümer besichtigen und griechische und römische, antike Kunst bestaunen. Ebenso werden Exponate aus der frühchristlichen und mittelalterlichen Epoche, sowie aus der Renaissance ausgestellt. Auch zeitgenössische Werke und Völkerkunde finden Platz in den verschiedenen Museen, die im Vatikanischen Palast untergebracht sind. Insgesamt warten hier 12 Komplexe mit etwa 1.300 Räumen auf Sie - Sie sollten also etwas Zeit dafür einplanen.

Die Sixtinische Kapelle ist das Highlight der Vatikanischen Museen. In der 1483 eingeweihten Kapelle können Sie eines der berühmtesten Kunstwerke der Welt besichtigen. Hier befindet sich Michelangelos Kunstwerk mit vielen Szenen aus Genesis. Besonders berühmt ist hier „Die Erschaffung Adams“ - das Kunstwerk, welches den berühmten ausgestreckten Finger Gottes zeigt.

Die Galleria Borghese

Am besten gelangen Sie hierher mit der Bahn bis Bioparca.

Webseite

QR-Code Scannen
und los geht's!

Adresse:
Piazzale del Museo Borghese 5,
00197 Roma RM.

Der ehemalige Sommerpalast des borghesischen Fürstengeschlechts beherbergt heute ein bedeutendes Kunstmuseum. Hierbei handelt es sich um eine der berühmtesten privaten Kunstsammlungen der Welt. Bestaunen Sie hier Berninis berühmte Statuen von Apoll und Daphne und Gemälde von Raffael, Tizian und Caravaggio.

Die Kapitolinische Museen

Am besten gelangen Sie hierher mit der Metro bis Colosseo.

Webseite

QR-Code Scannen
und los geht's!

Adresse:
Piazza del Campidoglio, 1,
00186 Roma RM.

Hierbei handelt es sich um das erste öffentliche Museum weltweit. Es wurde im Jahre 1471 von Papst Sixtus IV. gegründet und ist für eine umfassende Sammlung von Kunstwerken und archäologischen Funden berühmt. Hier bestaunen Sie Werke vom ersten Jahrhundert bis ins 17. Jahrhundert.

Das MAXXI - Museo nazionale delle arti del XXI secolo

Am besten gelangen Sie hierher mit der Bahn bis Carracci.

Webseite

QR-Code Scannen
und los geht's!

Adresse:
Via Guido Reni, 4/a,
00196 Roma RM.

TIPP

Hierbei handelt es sich um das Nationalmuseum für Kunst aus dem 21. Jahrhundert. Es war das erste Museum für zeitgenössische Kunst in Rom und wurde im Jahr 2010 im nördlichen Flaminio Viertel eröffnet. Es beherbergt auch ein Architekturmuseum und stets finden hier temporäre Ausstellungen, Events und mehr statt. Das Gebäude wurde von der berühmten Architektin Zaha Hadid entworfen und bietet mehr als 10 000 Quadratmeter Ausstellungsfläche.

Das Römische Nationalmuseum

Das Nationalmuseum Roms besteht aus vier Museen, die Sie mit nur einer Eintrittskarte innerhalb von drei Tagen besuchen können. Denken Sie daran, dass in Rom die Museen am Montag geschlossen haben.

Der Palazzo Massimo Alle Terme

Hierher gelangen Sie am besten mit der Metro bis Termini.

Webseite

QR-Code Scannen
und los geht's!

Adresse:
Largo di Villa Peretti, 2,
00185 Roma RM.

Wandmalereien, Büsten und Statuen warten im Palazzo Massimo auf Sie. Hier können Sie im zweiten Stock die nachgebauten Räume einer römischen Luxusvilla bestaunen.

Die Diokletians Thermen

Sie erreiche das Museum am bestem mit der Metro bis Termini.

Adresse:
Terme di Diocletiano,
Viale Enrico De Nicola 79.

Hier betreten Sie die ehemals größte Badeanstalt Roms. Schlendern Sie durch die Kreuzgänge und lassen Sie sich von den hohen Hallen, den Arkaden und den Gärten beeindrucken. Hier werden eine Fülle an Skulpturen, Sarkophage, Mosaike, Waffen, Keramik und mehr ausgestellt. Alleine die Therme selbst ist einen Besuch wert.

Der Palazzo Altemps

Am besten gelangen Sie hierher mit der Bahn bis Venezia.

Webseite

QR-Code Scannen
und los geht's!

Adresse:
Palazzo Altemps,
Piazza di Sant`Apollinare 46.

Die Ausstellungsräume dieses Museums wurden kunstvoll renoviert und bestechen mit Fresken und Holzvertäfelungen. Auch der Innenhof und die hauseigene Kapelle sind schier bezaubernd. Im unteren Stockwerk befindet sich ein altes Theater. In diesem Teil des Nationalmuseums werden vorwiegend Kunstwerke aus der Ludovisi Sammlung ausgestellt.

Die Crypta Balbi

Am besten gelangen Sie hierher mit der Metro bis Colosseo.

Webseite

QR-Code Scannen
und los geht's!

Adresse:
Via delle Botteghe Oscure, 31,
00186 Roma RM.

Dieses antike Theater ist auf drei Etagen angelegt und führt Sie in die Geheimnisse der antiken, römischen Baukunst ein.

Das Centrale Montemartini

Am besten gelangen Sie in dieses Museum mit der Metro bis

Garbatella.

Webseite

QR-Code Scannen
und los geht's!

Adresse:
Via Ostiense, 106,
00154 Roma RM.

Das Museum befindet sich in einem umgebauten, ehemaligen Kraftwerk und besticht mit einer Fülle an Exponaten. Hier überzeugt vor allem der gekonnte Mix aus Industrie-Archäologie des frühen 20. Jahrhunderts und antiker Kunst und wirklich wirken die antiken Statuen aus weißem Marmor vor den riesigen Dieselmotoren und der Industrie-Kulisse besonders charmant.

Märkte und Parks in Rom

Auch abseits der bekannten Sehenswürdigkeiten bietet Rom zahlreiche Märkte, Parks und Plätze, die Sie sich nicht entgehen lassen sollten.

La Casina delle Civette - das Eulenhäuschen

Am besten gelangen Sie hierher mit der Tram Nummer 2, 3 oder 19 bis Viale Regina Margherita - Nomentana und erreichen nach 5 Minuten Fußmarsch den entzückenden Park.

Webseite

QR-Code Scannen
und los geht's!

Adresse:
Via Nomentana, 70,
00161 Roma RM.

Die Villa Torlonia ist ein verwinkeltes, zauberhaftes Haus in einem idyllischen Park im Nordosten Roms. In der Villa kann ein Museum besucht werden und der Park lädt mit Skulpturen und Teichen zum Flanieren und Verweilen ein. In der hiesigen ehemaligen Orangerie ist heute ein Kaffeehaus untergebracht.

Der Rosengarten - Roseto comunale

Am besten gelangen Sie hierher mit der Metro bis Circo Massimo.

Webseite

Adresse:
Via di Valle Murcia, 6,
00153 Roma RM.

QR-Code Scannen
und los geht's!

Duftende, bunte Rosen und eine Oase der Stille erwarten Sie hier am Fuße des Aventin Hügels. Dieser malerische Ort ist perfekt für eine kurze Pause zwischen den hektischen Monumenten und Sehenswürdigkeiten der Stadt.

Der Mercato Monti

Am besten gelangen Sie hierher mit der Metro bis Vittorio Emanuele oder Cavour.

Webseite

Adresse:
MercatoMonti c/o Grand Hotel Palatino,
Via Leonina, 46,
00184 Roma RM.

QR-Code Scannen
und los geht's!

Dieser sogenannte Urban Market oder Hipster Market findet jeden Samstag und Sonntag statt. Hier finden Sie tolle Vintage Bekleidung, Taschen, Hüte, Schmuck und mehr.Dieser charmante Kreativ-Markt zieht immer noch mehr Einheimische als Touristen an und ist deshalb ein wahrer Geheimtipp.

Der Park der Aquädukte

Am besten gelangen Sie hierher mit der Metro bis Anangnina.

Adresse:
Via Lemonia,
Roma RM

TIPP

Rom ist für die zahlreichen Aquädukte berühmt, welche die Stadt bereits in der Antike mit fließendem Wasser versorgten. Hier können Sie in einem weitläufigen Park viele Überreste dieser gigantischen Bauwerke bestaunen. Es klingt nahezu unglaublich, dass diese teils unterirdisch und teils überirdisch verlegten Wasserleitungen aus dem Jahr 312 vor Christus stammen. Ebenso gigantisch ist, dass das System der Wasserleitungen im Römischen Reich etwa 500 Kilometer lang war. Im dritten Jahrhundert nach Christus wurde Rom von mehr als elf Aquädukten versorgt. Diese wurden auch benötigt, denn die elf großen Thermen und nahezu 1.000 Badehäuser mussten mit Frischwasser versorgt werden. Forschungen zu Folge hatten die Römer einen verschwenderischen Wasserverbrauch von 400 Liter pro Tag.

Der Mercato Nuovo Esquilino

Am besten gelangen Sie hierher mit der Bahn bis Termini oder mit der Metro bis Vittorio Emanuele.

Adresse:
Via Filippo Turati, 160,
00118 Roma RM.

Dies ist ein typischer, quirliger Markt für Obst, Gemüse, Fisch und Fleisch. Jeden Tag tobt ab 5 Uhr früh hier das Leben und Sie können hier alle Lebensmittel erhalten, die für ein richtig schmackhaftes, italienisches Essen benötigt werden. Gegenüber des Frischemarkts befindet sich eine kleine Markthalle für günstige Bekleidung, Schuhe und mehr.

Der Farmers Market Garbatella

Am besten gelangen Sie auf den Markt mit der Metro bis Garbatella oder mit dem Bus Nummer 715.

Adresse:
Via Passino,
Roma RM.

Dieser lokale Markt hat nur an Samstagen und Sonntagen von 08:30 Uhr bis zum frühen Nachmittag geöffnet. Je früher Sie auf den Markt gelangen, desto größer ist auch das Angebot. Hier werden ausschließlich regionale und saisonale Produkte verkauft und der Markt rühmt sich mit einer sogenannten 0 Kilometer Toleranz. Hier können Sie tolle Produkte der ansässigen Bauern kaufen - von Honig über Wein bis Käse und Wurst wird hier alles angeboten. An vielen Ständen können Sie hier auch das berühmte Olivenöl verkosten und natürlich auch kaufen.

Der Mercato di Campagna Amica del Circo Massimo

Am besten gelangen Sie hierher mit der Metro bis Circi Massimo.

Der Markt liegt nur etwa 600 Meter vom Circus Maximus entfernt.

Bei diesem kleinen Markt, der am Wochenende von 08:00 Uhr bis 15:00 Uhr geöffnet hat, werden lokale Produkte, Obst, Gemüse und Erzeugnisse der regionalen Bauern verkauft.

Der Mercato dell‘ Unità

Am besten gelangen Sie hierher mit der Metro bis Ottaviano.

Adresse:
Via Cola di Rienzo, 245,
00192 Roma RM.

Dies ist die vielleicht schönste Markthalle Roms. Der Markt hat von Montag bis Samstag von 07:00 Uhr bis 18:00 Uhr geöffnet. Die Markthalle wurde im Jugenstil erbaut und bietet Platz für etwa 80 Stände. Hier werden traditionelle, italienische Waren verkauft. Wenn Sie auf der Suche nach tollen Nudeln, erstklassigem Wein oder anderen Spezialitäten aus regionaler Herkunft sind, dann ist dieser Markt ein absolutes Muss.

Der Mercato Campo de Fiori

Am besten gelangen Sie hierher mit den Bussen mit der Nummer: 46, 62, 64, 916, 916 F, N5, N15 oder N20 bis zur

Haltestelle Corso Vittorio Emanuele / Navona.

Webseite

QR-Code Scannen
und los geht's!

Adresse:
Piazza Campo de' Fiori,
00186 Roma RM.

Dies ist der vielleicht bekannteste Markt Roms und daher auch gut von Touristen aus aller Welt besucht. Er hat von Montag bis Samstag von 07:00 Uhr bis 14:00 Uhr geöffnet. Das Angebot reicht von Obst und Gemüse über Nudeln, Wurst und Käse hin zu Souvenirs, Hüte, Taschen und mehr.

Eataly - halb Markt, halb Kaufhaus

Am besten gelangen Sie hierher mit der S-Bahn bis Ostiense oder mit der Metro bis Piramide oder Garbatella.

Der Markt hat jeden Tag von 09:00 Uhr bis Mitternacht geöffnet. Der Indoor-Market erstreckt sich über vier Etagen und bietet alles, was das kulinarische Herz begehrt. Hier können Sie sämtliche Spezialitäten der Region kaufen und an den Food Courts auch sofort eine Lunch-Pause einlegen. Im Eataly gibt es nicht nur regionale Produkte, sondern Erzeugnisse aus ganz Italien. Feinschmecker und Liebhaber der italienischen Küche sollten sich einen Besuch hier nicht entgehen lassen.

Der Flohmarkt Via Sannio / San Giovanni

Am besten gelangen Sie hierher mit der Metro bis San Giovanni.

Adresse:

Via Sannio 41,
Roma RM.

TIPP Der Markt hat von Montag bis Sonntag von 07:00 bis 14:00 Uhr geöffnet. Hier warten hunderte von Ständen und es werden Kleidung, Schmuck, Taschen, Hüte, Accessoires und mehr verkauft. Dieser Markt ist nicht nur ein Markt für Second-hand Ware, auch der Anteil an neuer Ware ist sehr hoch. Sie sollten jedoch immer bedenken, dass Sie auf einem Markt wie diesem kein neues, originales Prada T-Shirt für 8 Euro bekommen können. Hier handelt es sich eindeutig um Fake Ware.

Der Porta Portese

Am besten gelangen Sie hierher mit der Tram oder dem Bus bis Porta Portese.

Webseite

QR-Code Scannen
und los geht's!

Adresse:
Viale di Trastevere,
00153 Roma RM.

Auf einer Strecke von etwa 2 Kilometern erstreckt sich hier jeden Sonntag zwischen 07:00 Uhr und 14:00 Uhr der beliebteste Flohmarkt Roms. Dieser Markt existiert bereits seit dem Jahr 1945 und hat den zweifelhaften Ruf, dass Taschendiebe hier umgehend ihr Beute wieder verkaufen. Das Angebot ist bunt und vielfältig und es gibt beinahe nichts, was es nicht gibt. Ob Möbel oder Werkzeug, Bekleidung, Schmuck und Accessoires, hier werden Sie garantiert fündig. Auch die zahlreichen Essenstände mit leckeren Paninis und Pizza sind den Besuch auf dem Markt wert.

Gastronomie in Rom - Hotels, Kaffeehäuser, Restaurants und Nachtleben

In den nachfolgenden Kapiteln möchten wir Ihnen einige tolle Hotels vorstellen, die besonders zentral liegen. Sie finden hier auch Tipps für Kaffeehäuser, Restaurants und zum attraktiven Nachtleben Roms.

Schöne Hotels in Rom

iRooms Forum & Colosseum

Sie erreichen das Hotel mit der Metro bis Colosseo.

Webseite

QR-Code Scannen
und los geht's!

Adresse:
Via Baccina, 45,
00172 Roma RM.

Das Hotel hebt sich alleine durch die Gestaltung der Zimmer stark von allen Hotels ab. Die Zimmer sehen nicht nur spacig aus, sie verfügen auch über die neueste Multimedia-Technik. Das Hotel besticht durch seine absolut zentrale Lage und Zimmer, die individuell gestaltet sind. Viele der Zimmer verfügen über ein privates Jacuzzi und sind somit die perfekten Unterkünfte für einen romantischen Rom-Urlaub zu zweit.

Piazetta de Monti Suites

Am besten gelangen Sie hierher mit der Metro bis Cavour.

Adresse:
Via dei Serpenti, 164,
00184 Roma RM.

Das romantische Hotel besticht mit einer sehr zentralen, und dennoch ruhigen Lage. Abends eignet sich diese Umgebung hervorragend, um spazieren zu gehen, in einem netten Lokal einzukehren und das ein oder andere Glas Rotwein zu genießen. Die Zimmer sind hochwertig, liebevoll und mit antiken Elementen eingerichtet und ausgestattet.

Das Hotel Ferraro

Am besten gelangen Sie hierher mit der Metro bis Colosseo.

Webseite

QR-Code Scannen
und los geht's!

Adresse:
Via Cavour, 266,
00184 Roma RM.

Bei diesem Hotel handelt es sich um ein günstiges Hotel in Rom, das dennoch mit Sauberkeit, gutem Service und einer hervorragenden Lage überzeugt. Das Hotel zählt zu den günstigsten Hotels im Monti Viertel, bei welchen das Preis-Leistungsverhältnis absolut stimmt.

Das Hotel Terme Olimpia

Am besten gelangen Sie hierher mit der Metro bis Cavour.

Webseite

QR-Code Scannen
und los geht's!

Adresse:
Piazza degli Zingari, 4,
00184 Roma RM.

Das Hotel verzaubert mit römischem und mediterranem Flair und ist in allen Ecken, vom Gang bis zu den Zimmern liebevoll und mit viel Stil eingerichtet. Das Boutique Hotel in Toplage verfügt über eine kleine Terrasse, auf der es sich morgens wunderbar frühstücken lässt.

Residence Regola

Am besten gelangen Sie hierher mit der Bahn bis Arenula/ Cairoli.

Webseite

QR-Code Scannen
und los geht's!

Adresse:
Via della Trinità dei Pellegrini, 20,
00186 Roma RM.

Das modern eingerichtete Hotel in der Nähe der Campo de Fiori überzeugt mit einer zentralen und doch sehr ruhigen Lage. Fußläufig sind viele Restaurants und Sehenswürdigkeiten bequem zu erreichen.

Das Hotel Gonfalone 6

Am besten gelangen Sie hierher mit der Bahn bis Venezia.

Webseite

QR-Code Scannen
und los geht's!

Adresse:
Via del Gonfalone, 6,
00186 Roma RM.

Das Hotel besticht mit einer tollen Lage am Tiber und der Nähe zu beliebten Sehenswürdigkeiten wie der Engelsburg und dem Vatikan.

Das Hotel Hotel Quattro Dame

Sie erreichen das Hotel am besten mit der Bahn bis Venezia.

Webseite

QR-Code Scannen
und los geht's!

Adresse:
Corso Vittorio Emanuele II, 21,
00186 Roma RM.

Bei diesem Hotel handelt es sich um ein sehr elegantes, eher hochpreisiges Hotel, das mit zentraler Lage und erstklassigem Service punktet. Die Zimmer sind sehr komfortabel und wurden alle von bekannten Innenarchitekten eingerichtet. Ein weiterer Pluspunkt: Direkt vor dem Hotel befindet sich eine Bushaltestelle und Sie gelangen so rasch und günstig zu den Sehenswürdigkeiten Roms.

Casa Di Santa Francesca Romana a Ponte Rotto

Am besten gelangen Sie hierher mit der Bahn bis Trastevere.

Webseite

QR-Code Scannen
und los geht's!

Adresse:
Via dei Vascellari, 61,
00153 Roma RM.

Bei diesem Hotel handelt es sich um ein sehr traditionelles Haus, das in einem schönen, alten Stadtpalast untergebracht ist. Das Hotel ist sehr klassisch eingerichtet und verfügt über einen schönen Innenhof. Ein Merkmal dieses Hotels sind die großen Zimmer mit sehr hohen Wänden. Das Hotel liegt eher ruhig, fußläufig ist jedoch das pulsierende Tratevere Viertel rasch zu erreichen.

Das Hotel Arcangelo

Sie erreichen das Hotel am besten mit der Metro bis Ottaviano.

Webseite

QR-Code Scannen
und los geht's!

Adresse:
Via Boezio, 15,
00192 Roma RM.

Dieses elegante Hotel besticht mit italienischem Art Nouveau Stil und punktet neben den geschmackvoll eingerichteten Zimmern und dem erstklassigen Service mit einer tollen Dachterrasse. Hier können Sie einen aufregenden Tag gemütlich ausklingen lassen und dabei auf den Petersdom blicken. Das Hotel liegt sehr zentral in der Nähe des Vatikans.

Tolle Kaffeehäuser und Bars in Rom

Das Pompi - Regno del Tiramisù

Am besten gelangen Sie hierher mit der Metro bis Re di Roma.

Adresse:
Via Albalonga, 7b-9-11.
Roma RM.

Eine weitere Filiale befindet sich in der Via delle Croce 82 - unweit der spanischen Treppe.

Nicht umsonst heißt dieses Kaffeehaus Königreich des Tiramisus. Hier genießen Sie vielleicht das beste Tiramisu Ihres Lebens. Diese italienische Spezialität ist ein absolutes Muss und in der Bar Pompi können Sie sowohl klassisches Tiramisu als auch viele verschiedene Varianten davon verkosten. Ein Hit sind hier Tiramisu mit Erdbeere, Pistazie, Banane und Nutella, Nuss oder Pina Colada. Das Kaffeehaus hat von Dienstag bis Sonntag von 07:00 Uhr morgens bis 1:30 Uhr nachts geöffnet - Sie können hier quasi rund um die Uhr den süßen Verführungen frönen.

Das Cafè Colbert

Am besten gelangen Sie hierher mit der Metro bis Piazza di Spagna und gehen die spanische Treppe hoch.
Webseite

QR-Code Scannen
und los geht's!

Dieses Kaffeehaus befindet sich in der Villa Medici. Das Kaffeehaus punktet mit eleganten Räumen und einer atemberaubenden Aussicht auf Rom.

Die Eisdiele Fata Morgana

Am besten gelangen Sie hierher mit der Bahn bis Termini.
Webseite

QR-Code Scannen
und los geht's!

Adresse:
Via degli Zingari 5,
Roma RM.

doch hat diese Eisdiele mehrere Filialen in ganz Rom.

Gelato gehört natürlich zu einem Urlaub in Italien dazu, wie der Weihnachtsbaum zu Weihnachten. In der Eisdiele Fata Morgana können Sie nicht nur die klassischen, cremigen Eissorten genießen, sondern erhalten ein Angebot, das von Ananas mit Ingwer über Kürbis mit Karamell und Banane mit Sesam reicht. Es lohnt sich auf jeden Fall, sich durch das bunte Sortiment zu schlemmen.

Die Eisdiele Fior di Luna

Sie erreichen diese Eisdiele in Trastevere am besten mit dem Bus bis zur Haltestelle Sonnino.

Webseite

QR-Code Scannen
und los geht's!

Adresse:
Via della Lungaretta 96,
Roma RM.

Hier wird das hausgemachte Eis ausschließlich in kleinen Bechern serviert und mit einer knusprigen hausgemachten Waffel garniert. Viele behaupten, hier würde es das beste Eis Roms geben - dieses Attribut nehmen jedoch mehrere Eisdielen in der Metropole in Anspruch. Das Eis hier ist jedoch auf jeden Fall absolut lecker.

Il gelato di Claudio Torcè

Webseite

QR-Code Scannen
und los geht's!

Hierbei handelt es sich um eine Franchise-Kette, die individuelle Eissorten anbietet. Wenn Sie einmal Bier-Eis oder Pfefferoni-Eis versuchen möchten, dann sollten Sie nach diesen Eisdielen Ausschau halten. Ob süß, sauer, salzig oder scharf - hier werden mehr als 100 verschiedene Eissorten angeboten und natürlich auch ganz klassische Varianten wie Brombeere, Erdbeere, Vanille, Schokolade und Co.

Das Gatsby Cafè

Am besten gelangen Sie hierher mit der Metro bis Vittorio Emanuele.

Webseite

QR-Code Scannen
und los geht's!

Adresse:

Piazza Vittorio Emanuele II, 106,
00185 Roma RM.

TIPP Das Gatsby Cafè wurde im Jahr 2016 in einem ehemaligen Hutladen eröffnet und erstreckt sich über drei Etagen. Es besticht mit dem eigenwilligen Charme der 1960-er Jahre und bietet urbanes Ambiente. Im Erdgeschoß befindet sich ein klassisches Kaffeehaus. Einen Stock höher befindet sich eine gläserne Küche. Ein Hit sind hier die Hörnchen, die meist noch heiß, frisch aus dem Ofen kommen.

Das Tram-Depot

Am besten gelangen Sie hierher mit der Tram Nummer 8 oder dem Bus Nummer 23 oder 75 bis Marmorata-Galvani. Sie können auch die Metro bis Piramide nehmen.

Adresse:
Marmorata 13,
Roma RM.

Das Kaffeehaus befindet sich im Stadtviertel Testaccio und besticht mit seinem außergewöhnlichen Ambiente. In einem umgebauten, alten Waggon der Tram wird hier leckerer Cappuccino zubereitet, während die Gäste im lauschigen Gastgarten sitzen, der von duftenden Rosenhecken umgeben ist. Abends verwandelt sich das Kaffeehaus in eine angesagte, kleine Bar.

Das Etabli

Am besten gelangen Sie hierher mit der Bahn bis Venezia.

Webseite

QR-Code Scannen
und los geht's!

Adresse:
Vicolo delle Vacche 9,
Roma RM.

Dieses Kaffeehaus liegt nicht weit von der Piazza Navona und befindet sich dennoch abseits von üblichen Touristenmassen. Das Kaffeehaus ist mit Holz sehr gemütlich, jedoch nicht überladen eingerichtet. Das Feuer prasselt im Kamin, der Kronleuchter setzt Akzente und frisches Brot und Gebäck warten hinter der Theke. Ein Highlight: In diesem Kaffeehaus mit Restaurant werden sogar einige vegane Gerichte und Kuchen angeboten.

Die besten Restaurants in Rom

Restaurant La Pergola

Am besten gelangen Sie hierher mit der Metro bis Barberini und von hier aus mit dem Shuttle Bus bis zum Hotel Waldorf Astoria.

Webseite

QR-Code Scannen
und los geht's!

Adresse:
Via Alberto Cadlolo, 101,
00136 Roma RM.

Hier handelt es sich um ein exklusives Restaurant, welches bereits mit drei Michelin Sternen ausgezeichnet wurde. Hier kocht der deutsche Starkoch Heinz Beck und Sie erleben erlesene, italienische Küche vom Feinsten. Zwar müssen Sie für ein 10-gängiges Menü mehr als 250 Euro pro Person rechnen, die Qualität und das Erlebnis sind es jedoch wert und wenn Sie ein Fan der Gourmetküche sind, sollten Sie sich diese Gelegenheit nicht entgehen lassen.

Das Restaurante Il Pagliaccio

Am besten gelangen Sie hierher mit dem Bus bis Banchi Vecchi- Cartari.

Webseite

QR-Code Scannen
und los geht's!

Adresse:
Via dei Banchi Vecchi, 129/a,
00186 Roma RM.

Moderne, pure und minimalistische Küche wird hier serviert und das Angebot reicht von Taube über Austern bis hin zu Steinbutt und Co. Das Restaurant ist auch für seine ausgezeichneten Weine berühmt und der Sommelier des Hauses, Signor Zappile, gewann 2017 den italienischen Award für Sommelier.

Die L'Osteria Enoteca Corsi

Am besten gelangen Sie hierher mit dem Bus bis Corso/ss. Apostoli.

Webseite

QR-Code Scannen
und los geht's!

Adresse:
Via del Gesù, 87-88,
00186 Roma RM.

Bodenständige, hochwertige italienische Hausmannskost wird in diesem Restaurant serviert. Die Einrichtung ist gemütlich und das Ambiente authentisch. Das Restaurant ist perfekt für Liebhaber von Fleisch und Fisch - diese zwei Zutaten sind die Protagonisten der stets wechselnden 2-Gang Menüs, die hier angeboten werden.

My Ale

Am besten erreichen Sie das entzückende Eckrestaurant zu Fuß. Es liegt zwischen den Piazzas Navona/Pantheon/Campo de‘ Fiori.

Webseite

QR-Code Scannen
und los geht‘s!

Adresse:
Via dei Cappellari 79,
00186 Roma RM.

Sehr elegant und typisch römisch eingerichtet sorgt das Lokal für angenehmes Ambiente und bietet traditionelle und doch moderne, italienische Küche.

Pane e Salame

Am besten gelangen Sie hierher mit dem Bus bis L.go Chigi

Webseite

QR-Code Scannen
und los geht‘s!

Adresse:
Via Santa Maria in Via, 19,
00187 Roma RM.

Typisch italienische Sandwiches erhalten Sie in diesem Restaurant und können sich inmitten zahlreicher einheimischer und internationaler Gäste durch das facettenreiche Angebot schlemmen. Das Ambiente verführt mit gemütlichen Ziegel-Bögen und einem charmanten Mix aus Holz und Metall. Die Preise sind moderat und laden zum Wiederkommen ein.

Pasta Chef

Am besten gelangen Sie hierher mit der Metro bis Colosseo und einem kleinen Spaziergang in Richtung Via Baccina. Sie können auch den Bus bis Cavour/Ricci nehmen.

Webseite

QR-Code Scannen
und los geht's!

Adresse:
Via Baccina, 42,
00184 Roma RM.

Natürlich darf die berühmte Pasta bei keinem Urlaub in Rom fehlen. Das italienische Nationalgericht können Sie in diesem modernen und gemütlichen Lokal nach Herzenslust genießen. Die Preise sind moderat bis günstig und die Pasta ist so, wie sie sein sollte und schmeckt wie von einer italienischen Mama zubereitet.

Die Trattoria Cacio e Pepe

Am besten gelangen Sie hierher mit der Bahn bis Lgt Armi/ Cinque Giornate.

Webseite

QR-Code Scannen
und los geht's!

Adresse:
Via Giuseppe Avezzana, 11,
00195 Roma RM.

Dieses Lokal ist für außergewöhnlich schmackhafte Pastagerichte berühmt. Die beliebtesten Spaghetti hier sind Carbonara und natürlich Cacio e pepe - Nudeln mit Käse und Pfeffer.

Das Voy Restaurant

Am besten gelangen Sie hierher mit dem Bus bis Tor Di Quinto/Riano.

Webseite

QR-Code Scannen
und los geht's!

Adresse:
Via Flaminia, 496/c,
00191 Roma RM.

Das stylisch und modern eingerichtete Lokal ist vor allem für den großzügigen Brunch am Sonntag berühmt. Hier können Sie nach Herzenslust schlemmen. Auch die cremigen, typisch italienischen Desserts sind ein Hit.

Das Bir & Fud

Am besten gelangen Sie hierher mit dem Bus bis Lgt Sanzio/ Filipperi.

Webseite

QR-Code Scannen
und los geht's!

Adresse:
Via Benedetta, 23,
00153 Roma RM.

Natürlich darf auch ein Tipp für die beste Pizza Roms nicht fehlen. Diese finden Sie garantiert in diesem modernen und doch sehr traditionellen Restaurant. Auch die Patatine sind hier ausgezeichnet. Frische und biologische Zutaten sorgen für den absoluten Gaumenschmaus. Das Geheimnis dieser Pizzeria ist die lange Vorbereitungszeit des Pizzateigs. Hier darf er noch original 24 Stunden gehen und rasten - von dem Ergebnis sollten Sie sich selbst überzeugen.

Das Nachtleben in Rom

Der Ice Club

Am besten gelangen Sie hierher mit der Metro bis Cavour.

Webseite

QR-Code Scannen
und los geht's!

Adresse:
Via della Madonna dei Monti,
00184 Roma RM.

Dies ist garantiert der coolste Club Roms, denn hier tauchen Sie in eine arktische Welt ein. Die Temperatur beträgt hier -5° Celsius, doch keine Angst, Sie erhalten sofort nach dem Betreten bereitgestellte Kleidung gegen die Kälte. Tolle Skulpturen und auch die Sitzgelegenheiten sind aus purem Eis geschnitzt und das Ambiente hat etwas Futuristisches. Coole Cocktails und Musik sorgen für Stimmung, auch wenn die Aufenthaltsdauer hier im Durchschnitt nur eine gute Stunde beträgt. Danach geht es wieder hinaus um laue, römische Sommernächte zu genießen.

Der Piper Club

Am besten gelangen Sie hierher mit der Bahn bis Buenos Aires.

Webseite

QR-Code Scannen
und los geht's!

Adresse:
Via Tagliamento, 9,
00198 Roma RM.

TIPP Diese Diskothek besteht bereits seit dem Jahr 1965 und ist ein beliebter Treffpunkt für römische Nachtschwärmer. Hier finden auch stets Live-Events und Konzerte statt. Freitags ist die Musik der 70-er, 80-er und 90-er Jahre angesagt und am Samstag wird hauptsächlich Elektropop aufgelegt.

Der Lanificio 159 Tanzclub

Am besten gelangen Sie hierher mit dem Bus bis Pietralata/Itor.

Webseite

QR-Code Scannen
und los geht's!

Adresse:
Via di Pietralata, 159A,
00158 Roma RM.

Dieser Club ist in einem ehemaligen Industrie-Gebäude untergebracht. Hier finden Live Konzerte statt und es wird cooler Elektropop gespielt. Zusätzlich finden hier auch kulturelle Events wie Malerkurse statt und auf der Dachterrasse des Clubs befindet sich ein urbaner, ökologischer Gemüsegarten.

Das L'Alibi

Am besten gelangen Sie hierher mit der Metro bis Piramide.

Adresse:
Via di Monte Testaccio 44,
00153 Roma RM.

Dieser Club ist in einer Höhle unter dem Monte dei Cocci untergebracht. Er ist zu einem beliebten Treffpunkt für Homosexuelle geworden. Die Stimmung ist ausgelassen, das Ambiente bunt und die Kleidung schrill. Der Club hat von Donnerstag bis Sonntag immer von 23:30 Uhr bis 5:00 Uhr früh geöffnet.

Der Akab Club

Am besten gelangen Sie hierher mit der Metro bis Piramide.

Webseite

QR-Code Scannen
und los geht's!

Adresse:
Via di Monte Testaccio, 69,
00153 Roma RM.

In einer ehemaligen Zimmerei wurde im Jahr 1992 dieser Club eröffnet. Der Club diente bereits vielen Künstlern als Sprungbrett und die Live Konzerte hier sind absolut beliebt.

Von Hip Hop über R'n'B bis Indie und Electro-Pop werden hier an verschiedenen Tagen die unterschiedlichsten Musikgenres aufgelegt.

Gregory's Jazz Club

Am besten gelangen Sie hierher mit der Metro bis Barberini.

Webseite

QR-Code Scannen
und los geht's!

Adresse:
Via Gregoriana, 54/a,
00187 Roma RM.

Liebhaber gepflegter Jazz-Musik dürfen sich diesen Club nicht entgehen lassen. Meist finden hier Mittwochs Live Auftritte und individuelle Jam Sessions statt. Das Lokal ist einfach und gemütlich eingerichtet und die Bar im Stil der 70-er Jahre ausgestattet. Das Publikum sitzt auf gemütlichen Sofas vor der Bühne und auch Whisky Liebhaber kommen hier garantiert auf ihre Kosten.

Die Qube Disco

Am besten gelangen Sie hierher mit der Bahn bis Roma Prenestina.

Webseite

QR-Code Scannen
und los geht's!

Adresse:
Via di Portonaccio, 212,
00159 Roma RM.

Hierbei handelt es sich um eine der größten Discos in Rom. 4 Tanzflächen sind hier auf drei Ebenen verteilt und das Qube ist vor allem für die „Schwarzen Samstage“ berühmt. Hier wird von Latin über R & B und Hip Hop bis hin zu African House und Soul wird hier schwarze Musik gespielt.

Das Art Café

Am besten gelangen Sie hierher mit der Metro bis Spagna.

Webseite

QR-Code Scannen
und los geht's!

Adresse:
Via le del Galoppatoio, 33,
00197 Roma RM.

Dies ist der vielleicht eleganteste Club Roms und es gilt ein strenger Dress Code. Hemd und Abendkleidung sind hier bei den Türstehern gerne gesehen. Das Publikum ist genauso wie die Musik gemischt und gefeiert wird hier am Freitag und Samstag vom 21:30 Uhr bis 04:30 Uhr.

Shopping in Rom

Rom gilt als eines der Zentren für Mode in Europa und gerade in der City werden Sie bemerken, dass die Einheimischen sehr viel Wert auf ihr Äußeres legen. Römische Frauen laufen scheinbar mühelos in High Heels über das Kopfsteinpflaster und scheinen auch an heißen Tagen einfach nicht ins Schwitzen zu geraten. Natürlich gibt es für all diese tolle Mode auch viele Boutiquen und Shops, welche die Herzen der Shopaholics höher schlagen lassen.

Einkaufen auf der Via del Corso

Am besten gelangen Sie hierher mit dem Bus bis L.go Chigi.

TIPP Die bekannteste Einkaufsstraße Roms ist 1,5 Kilometer lang und bietet für jeden Geschmack und jeden Geldbeutel das Richtige an. Neben bekannten Modemarken und Designern finden Sie hier auch Benetton, Zara und Mango. Zudem können Sie hier auch das ein oder andere Schnäppchen von in Europa noch unbekannten italienischen Designern finden.

Die Galeria Alberto Sordi

Am besten gelangen Sie hierher mit dem Bus bis S. Claudio.

Webseite

QR-Code Scannen
und los geht's!

Adresse:
Piazza Colonna,
00187 Roma RM.

Dieser Einkaufspalast an der Piazza Colonna wurde bereits im Jahr 1922 eingeweiht. Hier finden Sie bekannte Marken wie Furla, Massimo Dutti, Calvin Klein und viele mehr. Das Ambiente ist angenehm und elegant und lädt zum Flanieren ein. Für das leibliche Wohl wird in den Restaurants gesorgt und auf keinen Fall dürfen Sie sich den Blick von der Dachterrasse entgehen lassen.

Das Euroma2

Am besten gelangen Sie hierher mit dem Bus bis L.go Chigi oder mit der Metro bis Barberini oder Spagna.

Webseite

QR-Code Scannen
und los geht's!

Adresse:
Piazza Colonna,
00187 Roma RM.

In dieser Mall vereinen sich traditionelle italienische Marken, internationale Ketten und Restaurants zu einem tollen Shopping-Erlebnis. Bekleidung, Schmuck, Accessoires, Haushalt und mehr - nicht nur an Regentagen lädt die Euroma2 zum Einkaufen und Bummeln ein.

Die Porta di Roma Mall

Am besten gelangen Sie in dieses Einkaufszentrum mit dem Bus bis Bene/Lionello.

Webseite

QR-Code Scannen
und los geht's!

Adresse:
Via Alberto Lionello, 201,
00139 Roma RM.

Hier handelt es sich um eine große, moderne Shopping Mall, die von Bekleidung über Kosmetik und Unterhaltung bis hin zur Gastronomie einfach alles anbietet. Ein Besuch in der Mall bietet etwas Abwechslung zum kulturellen Programm in Rom.

Die U-Bahn in Rom

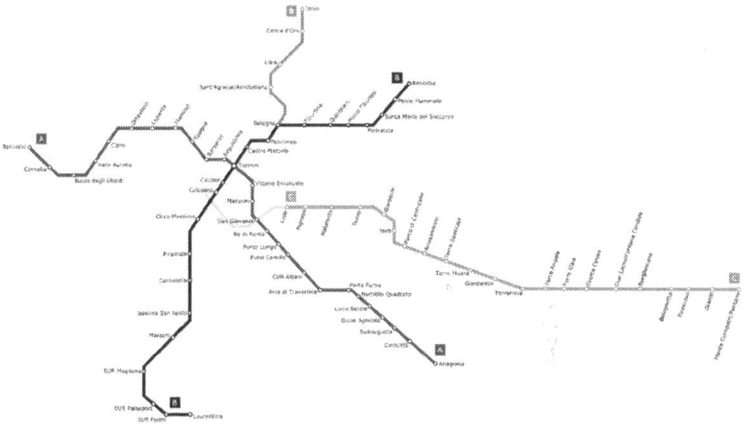

Es gibt zwei Metro-Linien in Rom (A und B), die sich am Bahnhof **Termini** schneiden. Eine dritte Linie ist in Bau (die Linie C) und eine Gabelung der Linie B (B2) ist bereits in Betrieb. Der Bau der Linie C, die durch das Zentrum passieren muss, ist ein längeres und schwierigeres Unterfangen, da an jedem ausgegrabenen Loch, antike Funde zu Tage treten …

Die Zuge fahren jeden Tag von **5:30** bis **23:30** Uhr, Samstag und Sonntag bis **00:30** Uhr.

Kleine Tipps für den Urlaub in Rom

Für Metro, Bahn und Bus lohnt es sich, Tickets für 7 Tage oder mehr zu kaufen. So sparen Sie sich stets das Anstellen und Kaufen der neuen Tickets und Sie können sofort mit Bus, Bahn und Metro von A nach B gelangen. Erhältlich sind diese in vielen Zeitungs-Kiosks.

Es lohnt sich in Rom, den Tag früh zu beginnen. Der Sonnenaufgang auf einem Hügel Roms ist immer ein besonderes und unvergessliches Erlebnis. Auch wenn dafür das Frühstück im Hotel ausfallen muss - es gibt in Rom an jeder Ecke tolle Bars, die starken Espresso und warme Hörnchen servieren.

Um Zeit beim Anstehen an den Sehenswürdigkeiten zu sparen ist es ratsam, die Tickets vorweg online zu kaufen.

TIPP Einkaufstouren sollten immer zeitlich gut geplant sein. Auch heute noch wird von vielen Geschäften in Rom eine lange Mittagspause abgehalten. Diese Siesta dauert in etwa von 13:00 Uhr bis 16:00 Uhr. Dafür haben die Shops auch bedeutend länger geöffnet.

Italienisch für Touristen

Italienische Sätze zur Begrüßung

Hallo!
Ciao! (gesprochen: Tschao)

Guten Tag.
Buon giorno. (gesprochen: Buon dschiorno)

Wie geht es dir?
Come stai? (gesprochen: Komo stai)

Danke, gut.
Bene, grazie. (gesprochen: Bene, gratsie)

Wie heißt du?
Come ti chiami? (gesprochen: Kometi kiami?)

Mein Name ist
Mi chiamo…. (gesprochen: Mi kiamo…)

Ja / Nein
Si / No

Bitte!...Danke!
Per favore! …Grazie! (gesprochen: Pehr fawohreh…gratsieh)

Entschuldigen Sie…
Mi scusi… (gesprochen: Mi skusi)

Ich spreche kein Italienisch. Sprechen sie Englisch?
Non parlo italiano. Parli inglese? (gesprochen: Non paarli italiano. Parli inglese?)

Sprechen Sie bitte langsamer.
Parli più piano, per favore. (gesprochen: Parli piu piano pehr favore)

Ich spreche nur ein paar Wörter Italienisch!
Conosco solo alcune parole in italiano! (gesprochen: Konosko solo alkune parole in italiano)

Italienische Sätze im Hotel

Haben Sie ein freies Zimmer?
Avete camere libere?

Ich bleibe für 3 Nächte.
Mi fermo per tre notti.

Haben Sie ein ruhigeres Zimer?
Ha una stanza più silenziosa?

Wann gibt es Frühstück?
A che ora è la prima colacione? (gesprochen: A ke ora e la prima kolazione?

Italienische Sätze im Restaurant

Wir hätten gern einen Tisch für 2.
Un tavolo per due, per favore.

Gibt es eine Spezialität des Hauses?
C'è una specialità della casa? (gesprochen: Tsche una spetschialita della kasa?)

Ich bin Vegetarier.
Sono vegetariano.

Hühnchen
il pollo

Rind
il manzo

Fisch
il pesce (gesprochen: Il pe-sche)

Die Rechnung bitte.
Il conto, per favore

I

talienische Sätze, um nach dem Weg zu fragen

Wie komme ich nach…
Come arrivare a... (gesprochen: Kome arivare a…)

Hilfe!
Aiuto! (gesprochen: Ajuto)

Wo sind die Toiletten?

Dov'è il gabinetto? (gesprochen: Dowe ihl gabinetto)

Links abbiegen / Rechts abbiegen
Giri a sinistra / Giri a destra.

Geradeaus
Diritto

Gegenüber von …
Verso il …

Nach dem …
Dopo il …

Vor dem…
Prima del…

Italienische Sätze zum Thema Geld

Was kostet…
Quanto costa…

Können Sie mir Geld wechseln?
Dove posso cambiare delle denaro?

Wo finde ich einen Geldautomaten?
Dove posso trovare un Bancomat?

Die italienischen Zahlen

1 = uno

2 = due

3 = tre

4 = quattro

5 = cinque (tschienkue)

6 = sei

7 = sette

8 = otto

9 = nove

10 = dieci (dietsche)

11 = undici (un ditsche)

12 = dodici (do ditsche)

13 = tredici (tre ditsche)

14 = quattordici (kuatohr ditsche)

15 = quindici (kuuin ditschi)

16 = sedici (se ditsche)

17 = diciassette (ditschi asette)

18 = diciotto (ditsch oto)

19 = diciannove (ditscha nowe)

20 = venti

21 = ventuno

22 = ventidue

23 = ventitré

30 = trenta

40 = quaranta

50 = cinquanta (tschin kuanta)

60 = sessanta

70 = settanta

80 = ottanta

90 = novanta

100 = cento

200 = duecento

300 = trecento

1,000 = mille

OWB Online:

Exklusiv für unsere treuen Leser, gibt es nun unseren Online Bonus-Zugang. Dieser Zugang ist für Sie vollkommen kostenlos. Scannen Sie einfach mit Ihrer Kamera-App den QR-Code auf der rechten Seite und legen sie los!

OWB Bonus-Zugang:

Je nach Verfügbarkeit:

- Zusätzliches Reisematerial wie z.B.: Stadtpläne, U-Bahnpläne...
- Reisegutscheine und Rabattcodes
- Top Aktivitäten und Links zum Buchen
- Sonderaktionen
- Informationen zu Covid Regeln & Einreise

QR-Code scannen und los geht's!

GUDM - 2D2T19 - G000OM8

Impressum:

ONLINEWORLDOFBOOKS.EU
Buch-, Kunst- & Musikalienverlag

2. Auflage (Auflage 2021)
kontakt@onlineworldofbooks.eu

Taschenbuch:
KDN-ISBN: 9798501156920

Risiko-Hinweis und Haftung

Empfehlungen, Charts und Tabellen für verlässlich, jedoch können wir keine Garantie für Richtigkeit und Aktualität übernehmen. Die Inhalte in diesem Werk sind nach bestem Gewissen verfasst, wir halten unsere Quellen für verlässlich, aber auch hier können wir keine Garantie auf Richtigkeit und Aktualität geben. Die Informationen geben lediglich einen Einblick in die Meinung der Verfasser.

Haftungsausschluss

Die Inhalte wurden mit größtmöglicher Sorgfalt erstellt. Der Autor übernimmt jedoch keine Gewähr für die Richtigkeit und Vollständigkeit der hier befindlichen Informationen sowie bereitgestellten Inhalte.

Urheber- und Kennzeichenrecht

Bei den Inhalten, die erstellt wurden, werden die Urheberrechte Dritter beachtet. Insbesondere werden Inhalte und Rechte Dritter als solche gekennzeichnet.

Sollte der Nutzer trotzdem auf eine Urheberrechtsverletzung aufmerksam werden, bitten wir um einen entsprechenden Hinweis. Bei Bekanntwerden von Rechtsverletzungen werden wir derartige Inhalte gerne und umgehend entfernen.

Etwaige Bilder, Grafiken und Lizenzen:

Privatarchiv, Pixabay.com, shutterstock.com, iconfinder.com, Envato Elements

Printed in Poland
by Amazon Fulfillment
Poland Sp. z o.o., Wrocław

80186767R00072